VOL. 68

Dados Internacionais de Catalogação na Publicação (CIP)
(Câmara Brasileira do Livro, SP, Brasil)

Pinho, J. B.
  Relações públicas na Internet: técnicas e estratégias para informar e influenciar públicos de interesse / J. B. Pinho. São Paulo: Summus, 2003. (Novas buscas em comunicação; v. 68)

  Bibliografia.
  ISBN 978-85-323-0776-7

  1. Comunicação – Inovações tecnológicas 2. Internet (Rede de computadores) 3. Planejamento estratégico 4. Relações Públicas I. Título. II. Série.

02-605   CDD-659.202854678

Índice para catálogo sistemático:

1. Relações públicas na Internet 659.202854678

Compre em lugar de fotocopiar.
Cada real que você dá por um livro recompensa seus autores
e os convida a produzir mais sobre o tema;
incentiva seus editores a encomendar, traduzir e publicar
outras obras sobre o assunto;
e paga aos livreiros por estocar e levar até você livros
para a sua informação e o seu entretenimento.
Cada real que você dá pela fotocópia não autorizada de um livro
financia o crime
e ajuda a matar a produção intelectual em todo o mundo.

Relações públicas na internet

Técnicas e estratégias para informar e influenciar públicos de interesse

J. B. Pinho

summus editorial

RELAÇÕES PÚBLICAS NA INTERNET
técnicas e estratégias para informar e influenciar públicos de interesse
Copyright © 2002 by J. B. Pinho
Direitos desta edição reservados para Summus Editorial

Capa: **Luciano Pessoa**
Editoração e fotolitos: **JOIN Bureau**

Summus Editorial
Departamento editorial:
Rua Itapicuru, 613 – 7º andar
05006-000 – São Paulo – SP
Fone: (11) 3872-3322
Fax: (11) 3872-7476
http://www.summus.com.br
e-mail: summus@summus.com.br

Atendimento ao consumidor:
Summus Editorial
Fone: (11) 3865-9890

Vendas por atacado:
Fone: (11) 3873-8638
Fax: (11) 3873-7085
e-mail: vendas@summus.com.br

Impresso no Brasil

Sumário

Apresentação 7

1 Natureza e Funções das Relações Públicas 9
2 Internet como Tecnologia e como Ferramenta de Comunicação 19
3 Aplicações da Internet nas Relações Públicas 33
4 Correio Eletrônico 43
5 Usenet (Grupos de Notícia) e Listas de Discussão 59
6 Internet Relay Chat, FTP e Telnet 69
7 World Wide Web 79
8 Marcando Presença da Organização na Web 91
9 Desenvolvendo Relações com a Mídia na Web 115
10 Desenvolvendo Relações com os Consumidores na Web.... 131
11 Desenvolvendo Relações com os Investidores na Web...... 141
12 Desenvolvendo Relações com a Comunidade na Web...... 149
13 Desenvolvendo Relações com o Governo e com os Legisladores na Web 163
14 Comunicando-se na Web em Situações de Crise 173

Glossário 181
Bibliografia 213

Apresentação

A abertura da Internet comercial ocorreu no Brasil em maio de 1995, deixando a rede de ser exclusiva do meio acadêmico para estender seu acesso a todos os setores da sociedade. Entre outras razões, a expansão na realidade vertiginosa da Internet no país (e, naturalmente, em todo o mundo) foi estimulada pelo contínuo e maciço ingresso no ciberespaço de governos, organizações, instituições e empresas comerciais, industriais e de serviços. Aos poucos, até mesmo as empresas de comunicação tradicionais marcaram sua presença na rede mundial para oferecer aos internautas conteúdo e informação durante as 24 horas do dia, todos os dias.

Hoje, numerosas atividades de marketing, de comunicação e de informação são desenvolvidas com sucesso na Internet, como as vendas, a publicidade, as relações públicas, a comunicação interna e externa, os serviços ao consumidor e a assistência técnica.

Tecnologia emergente e promissora ferramenta de comunicação, a Internet representa o mais novo instrumento que o profissional de relações públicas pode contar para o seu trabalho de influenciar positivamente os públicos de interesse de empresas e instituições. Os recursos tecnológicos e as principais aplicações da Internet precisam ser mais bem conhecidas em suas características para oferecer o adequado suporte a estratégias de relações públicas, especialmente por permitir a prática de uma comunicação aberta e dialógica e o estabelecimento de relacionamentos mais próximos, permanentes e duradouros entre a organização e os diversos públicos que a constituem e com ela interagem.

Como sugere o seu título, este livro tem o objetivo de apresentar ao leitor uma visão tática e estratégica dos usos e das aplicações das técnicas de relações públicas nos diferentes serviços da Internet, para que os resultados obtidos nas ações e nos programas que visem informar e influenciar públicos de interesse de empresas e de instituições sejam relevantes e efetivos. Portanto, não se trata, em absoluto, de um manual ou de um compêndio de procedimento de programação. Mesmo o Glossário foi incluído apenas para familiarizar o leitor menos iniciado em informática com os seus termos técnicos básicos.

Relações Públicas na Internet: técnicas e estratégias para informar e influenciar públicos de interesse parte de um conceito operacional de relações públicas – entendida como uma atividade de administração estratégica dos contatos e do relacionamento entre a organização e os seus diferentes públicos – para então discutir suas características como tecnologia de manejo relativamente simples e como promissora ferramenta de comunicação. Aborda ainda as aplicações da Internet como suporte a estratégias de relações públicas, apresentando benefícios e vantagens, sem esquecer de mencionar limitações e restrições que podem causar reveses no momento da implementação de programas criados para a rede mundial.

Em termos da sistemática de funcionamento e das possibilidades como instrumento de relações públicas, a abordagem dos principais serviços da Internet – correio eletrônico, Usenet, listas de discussão (ou de distribuição), Internet Relay Chat, File Transfer Protocol (FTP), Telnet e World Wide Web – revela que cada um deles oferece maiores ou menores oportunidades para assumirem propósitos de relações públicas. Fixando sua atenção na Web, este livro aborda os procedimentos que as organizações e as empresas devem adotar para a estruturação e a implantação de um site institucional, inspirado em duas qualidades fundamentais: a interatividade e a relevância do conteúdo.

Nos seus capítulos finais, Relações Públicas na Internet expõe os recursos, as estratégias e as oportunidades para que o profissional de relações públicas promova o efetivo relacionamento com cada um dos principais públicos de empresas e de organizações – a mídia, os consumidores, os investidores, a comunidade, o governo e legisladores –, bem como destaca as possibilidades da rede mundial como instrumento de comunicação da empresa em situações de crise.

1 Natureza e Funções das Relações Públicas

Diante das inúmeras e diferentes definições expostas na literatura especializada, este capítulo apresenta um conceito operacional de Relações Públicas e examina suas funções, as principais atividades e os públicos aos quais pode ser dirigida. No final, características como a comunicação dialógica e a rapidez do novo meio, decorrentes da própria natureza da Internet, são abordadas para mostrar como elas favorecem a prática de relações públicas na rede mundial e facilitam ao profissional a missão de informar e influenciar positivamente públicos de interesse de empresas e instituições.

Conceito operacional de Relações Públicas

No Brasil, o reconhecimento da profissão de Relações Públicas deu-se pela Lei nº 5.377, de 11 de dezembro de 1967, e sua regulamentação pelo Decreto nº 68.582, de 4 de maio de 1971, os quais tornam privativo dos bacharéis diplomados em cursos de Relações Públicas, de nível superior, reconhecidos pelo Conselho Nacional de Educação e devidamente registrados nos conselhos regionais da categoria, o exercício dos cargos e das atividades específicas da profissão.

As relações públicas distinguem-se da publicidade e das vendas, ferramentas que procuram definir uma necessidade e encorajar as pessoas a encontrar a solução certa, a qual é dada pelo uso de determinado produto, serviço ou marca. Enquanto a publicidade diz:

"Compre isto", as relações públicas podem afirmar: "Nós somos uma empresa responsável". Assim, a Associação Brasileira de Relações Públicas (ABRP) entende por relações públicas

o esforço deliberado, planificado, coeso e contínuo da alta administração, para estabelecer e manter uma compreensão mútua entre uma organização pública ou privada, e seu pessoal, assim como entre essa organização e todos os grupos aos quais está ligada, direta ou indiretamente.

A definição do Conselho Regional de Relações Públicas (Conrerp), de São Paulo, diz que:

Relações Públicas é uma função de caráter permanente, planificada e regular, que, partindo do pressuposto de que a boa vontade da opinião pública é fundamentalmente importante para a vida de qualquer empresa, pessoa, entidade ou órgão governamental, trabalha junto a esta mesma opinião pública – essencialmente os que lhe são mais relevantes ou próximos – visando a:

a) conhecer e analisar suas atitudes;
b) recomendar à empresa ou entidade meios e modos pelos quais ela possa satisfazer os anseios da opinião pública;
c) informar a opinião pública sobre a satisfação de seus anseios, por parte da empresa ou entidade; e
d) promover a imagem da entidade ou empresa e de seus produtos ou serviços junto à opinião pública.

Para os objetivos deste livro, relações públicas é entendida como uma atividade de administração estratégica dos contatos e do relacionamento entre uma organização e os diferentes públicos que a constituem ou com ela se relacionam e interagem (Holtz, 1999: xv). As ações e as práticas de relações públicas buscam, entre outros propósitos, construir reputação, criar uma imagem positiva, informar e persuadir pessoas. Em geral considerada um programa ou investimento de longo prazo, as relações públicas podem alcançar resultados mais imediatos, como poderá ser visto ao longo desta obra.

Funções e atividades de Relações Públicas

A longo prazo, o trabalho de relações públicas de uma empresa tem por alvos gerais "conquistar e manter a credibilidade e a aceitação da companhia junto a seus principais públicos-alvo, de maneira a assegurar à empresa a criação e a projeção de uma imagem institucional positiva, bem como auxiliá-la a alcançar suas metas de mercado" (Nogueira, 1985: 45). Nesse sentido, as atividades específicas de relações públicas, definidas por lei, são as que dizem respeito:

a) à informação de caráter institucional entre a entidade e o público, pelos meios de comunicação;
b) à coordenação e ao planejamento de pesquisas de opinião pública, para fins institucionais;
c) ao planejamento e à supervisão do uso dos meios audiovisuais, para fins institucionais;
d) ao planejamento e à execução de campanhas de opinião pública;
e) à orientação de dirigentes de instituições públicas ou privadas na formulação de políticas de relações públicas;
f) à promoção de maior integração da instituição na comunidade;
g) à informação e à orientação da opinião pública sobre os objetivos elevados de uma instituição;
h) ao assessoramento na solução de problemas institucionais que influam na posição da entidade perante a opinião pública;
i) à consultoria externa de relações públicas ante dirigentes de instituições;
j) ao ensino de disciplinas específicas ou de técnicas de relações públicas.

Nas empresas e instituições, o profissional de Relações Públicas estabelece em conjunto com a alta administração as estratégias que visam melhorar sua imagem e facilitar a comunicação com os públicos de seu interesse. Entre outras responsabilidades, Sherwin & Avila

(1999: 2) atribuem ao Departamento de Relações Públicas de uma organização três tarefas básicas: pesquisa e avaliação da opinião pública; formulação das estratégias de comunicação; e administração da comunicação nos momentos de crises e conflitos.

Pesquisa e avaliação da opinião pública

A pesquisa torna possível o conhecimento da empresa, de sua situação externa e interna, dos problemas que afetam sua posição perante a opinião pública e os públicos. Os profissionais de Relações Públicas podem monitorar as atitudes dos diversos públicos por meio de pesquisas de opinião pública propriamente ditas; da análise das notícias publicadas pela imprensa, depois de reunidas no *clipping*; das entrevistas com líderes de opinião; e do exame da correspondência a ela eventualmente dirigida.

Desenvolvimento e implementação de estratégias de comunicação

Após apurar o que as pessoas estão pensando da empresa ou instituição, o profissional inicia a formulação das estratégias e a posterior implementação das ações de comunicação eventualmente necessárias para a correção dos problemas detectados. A Internet pode então fazer parte de sua estratégia global de comunicação e constituir um importante e eficaz canal de distribuição das mensagens a serem dirigidas aos públicos-alvo.

Comunicação em situações de crise

O longo e permanente trabalho de construção de uma imagem positiva da empresa ou organização pode ser seriamente abalado ou mesmo destruído por momentos de crise. Eles assumem as mais diversas formas: uma disputa trabalhista, um produto defeituoso ou que se revele perigoso à saúde, um acidente ecológico de enormes proporções.

Grandes corporações já experimentaram reveses amplamente divulgados em todo o mundo. A Johnson & Johnson, por exemplo, enfrentou uma grave crise devido à criminosa adição de cianureto a seu analgésico Tylenol em embalagens comercializadas em vários pontos-de-venda nos Estados Unidos. A Intel demorou a reconhecer e eliminar as falhas denunciadas no então recém-lançado *chip* Pentium. Em 12 de junho de 1993, a Pepsi-Cola foi surpreendida com a denúncia de ter sido encontrada uma seringa dentro de uma lata de Pepsi Diet, fato que mereceu extensa cobertura da mídia nos Estados Unidos e gerou medo e receio em seus consumidores.

No Brasil, a Petrobras causou no início de 2000 um acidente ecológico de enormes proporções. O rompimento de um duto de aço que liga a Refinaria Duque de Caxias (Reduc) ao terminal da Ilha D'Água derramou, por mais de quatro horas, 1.292 toneladas de óleo combustível na Baía de Guanabara.[1] O próprio presidente da Petrobras, Philippe Reichstul, após sobrevoar a área afetada, qualificou o acidente de "preocupante" (Petrobras, 2000).

Públicos em Relações Públicas

O conjunto de pessoas ou organizações que se relacionam direta ou indiretamente com uma empresa ou com os quais ela interage recebe o nome de *público*, caracterizando-se em relações públicas por ser

o agrupamento espontâneo de pessoas adultas e/ou grupos sociais organizados, com ou sem contigüidade física, com abundância de informações, analisando uma controvérsia, com atitudes e opiniões múltiplas quanto a solução ou medidas a serem tomadas diante dela; com ampla oportunidade de discussão e acompanhando ou participando do debate geral, por meio

---

1. Em 16 de julho de 2000, a refinaria da Petrobras em Araucária, região metropolitana de Curitiba, causou novo vazamento de 4 milhões de litros de óleo cru que atingiram o rio Iguaçu, o maior desastre ambiental em 25 anos no país. Como não poderia deixar de ser, o acidente foi mais uma vez manchete nos veículos de comunicação e causou forte impacto na opinião pública, afetando profundamente a imagem da Petrobras.

da interação social ou dos veículos de comunicação, à procura de uma atitude comum, expressa em uma decisão ou opinião coletiva, que permitirá a ação conjugada. (Andrade, 1989: 41)

O número e o tipo de público de uma organização dependem de sua natureza e das circunstâncias relacionadas às suas operações. Certos públicos, porém, são comuns a todas as empresas – a mídia, os empregados, os consumidores, os investidores e acionistas, a comunidade, os fornecedores e distribuidores, o governo e os legisladores.

Mídia

Nas relações com a mídia, o profissional de Relações Públicas deve manter uma proximidade com jornalistas e editores para assegurar uma cobertura favorável ou, no mínimo, justa. É importante que o relações-públicas habilite-se como uma fonte de informação fidedigna: uma vez estabelecida a credibilidade, a mídia certamente estará mais disposta a procurá-lo e ouvir sua versão de uma história ou de um fato que envolva a empresa.

Caso as informações prestadas pelo Departamento de Relações Públicas recebam o endosso da mídia, elas desfrutam de maior credibilidade do que as veiculadas em anúncios de jornal e em comerciais de TV. Mas são os artigos de jornais e de revistas que merecem grande confiança por parte do leitor:

> Um estudo conduzido em 1994 pelo Whirtlin Group para o Allen Communication Group perguntou a mais de mil homens e mulheres com idade igual ou superior a 18 anos: "Se você estivesse pensando em comprar determinado produto ou serviço, qual destas fontes de informação teria maior influência na sua decisão de compra?". Os respondentes mencionaram artigos de jornal (35%) e matérias de revistas (28%), superando as opções que incluíam ainda os comerciais de TV (24%). Os artigos de jornal (95%) e de revista (89%) foram também considerados como os de maior confiabilidade pelos entrevistados. (Harris, 1998: 13)

Da mesma forma, a World Wide Web vem-se tornando, paulatinamente, uma nova e importante fonte de informação para consumidores potenciais.

Empregados

Geralmente negligenciados nos planos de relações públicas, os empregados constituem um dos mais importantes públicos de uma empresa ou instituição. A comunicação com os empregados pode ter como objetivos básicos informar as políticas e as operações da companhia, melhorar o moral, dissipar falsas impressões ou corrigir rumores infundados. Para manter os funcionários informados e obter sua cooperação, os instrumentos de comunicação mais utilizados são as cartas, as *newsletters*, os quadros de aviso e os manuais do empregado. Muitas corporações agora empregam suas redes internas de computadores, as intranets, para alcançar esses mesmos objetivos perante os empregados.

Consumidores

Nenhuma empresa pode existir sem consumidores ou clientes. As relações com o consumidor podem tornar sua experiência de compra ou uso de um produto mais agradável com o chamado Serviço de Atendimento ao Consumidor (SAC), que propicia orientação e informação de utilidade. Mas a responsabilidade não é exclusiva do SAC, pois as relações com o consumidor devem começar com quem atende o telefone e chegar até a presidência da companhia.

Investidores e acionistas

As companhias de capital aberto precisam construir e manter um relacionamento positivo e produtivo com os acionistas para estimular o interesse e obter a sua confiança, encorajando assim o investimento continuado. Outras audiências nesta categoria são os analistas financeiros, bancos, fundos de pensão, as instituições financeiras e os consultores, diante dos quais o propósito básico está em assegurar que eles recomendem a compra das ações da companhia aos grandes e pequenos investidores.

Os principais instrumentos usados para atingir os investidores e acionistas são os balanços anuais, os relatórios financeiros, os dados sobre produção e vendas, e as informações de marketing e pessoal. Todos podem ser transpostos para a Internet, um suporte de apoio para essas ferramentas tradicionais.

Comunidade

Existe um interesse natural das pessoas de uma comunidade pelas empresas, que deve ser atendida por programas de relações públicas. Uma companhia vista como cidadã e responsável torna os consumidores mais predispostos a adquirir seus produtos ou serviços. Um sem-número de grandes corporações mantém uma pessoa ou todo um departamento voltado ao trabalho com grupos da comunidade, organizações sem fins lucrativos e escolas locais. Assim, ela demonstra que participa da vida da comunidade e procura encontrar solução para seus problemas.

Fornecedores e distribuidores

Toda indústria depende de fornecedores para a aquisição de peças e componentes necessários à fabricação de um produto. As boas relações com os fornecedores podem facilitar obter sua cooperação e estreitar a parceria nos negócios. O mesmo acontece com os distribuidores, que precisam ser informados das políticas e dos programas da empresa e, assim, estarem mais dispostos para a cooperação.

Governo e legisladores

As relações com o governo consistem no desenvolvimento de um relacionamento positivo com as autoridades municipais, estaduais e federais. A criação de uma imagem positiva da empresa é importante porque em todos esses níveis podem ser implementadas leis que afetem os negócios da companhia. Outra prática comum é informar o público em geral de certas questões políticas e legais enfrentadas pela organização para que seus componentes ajudem a influenciar a opinião e o voto dos representantes governamentais.

Por isso muitos sites corporativos da Web têm seções em que a empresa coloca sua posição ante assuntos específicos do seu interesse e cuja solução depende do governo ou dos legisladores.

Internet e Relações Públicas

Em sua essência, as atividades de relações públicas oferecem informação para ajudar os componentes de seus diversos públicos na tomada de decisão. Na medida em que as estatísticas mostram que 81% dos usuários usam a rede para pesquisar novos produtos, 84% dos internautas sentem que a Internet os ajuda a tomar melhores decisões e 63% das pessoas navegam com um propósito específico, a conclusão, óbvia, é de que: as relações públicas precisam estar na rede mundial deixando disponível a informação que vai auxiliar uma infinidade de pessoas na tomada de decisão (Sherwin & Avila, 1999: 6).

Principalmente no caso de empresas norte-americanas presentes na Internet, um quarto dos sites é de relações públicas, por sua essência. A rede mundial está se tornando fundamental aos planos de relações públicas de grande parcela de companhias, cujos sites foram desenhados como centros de informação para consumidores atuais e potenciais. Em vez de vendas, muitas empresas estabelecem objetivos de comunicação e realizam on-line uma verdadeira estratégia de administração de seus contatos e do relacionamento com os diferentes públicos que as constituem ou que com elas se relacionam e interagem.

A própria natureza da rede mundial oferece características que favorecem o trabalho de relações públicas. A comunicação, por exemplo, deixou de ser um monólogo para transformar-se em um diálogo, aproximando-se do modelo mais efetivo de comunicação em relações públicas, como uma via dupla: emissor-receptor e receptor-emissor. As características de velocidade e de instantaneidade da Internet também são positivas, pois o profissional de Relações Públicas tem a possibilidade de responder de imediato a situações de crise, de reagir logo às notícias e de capitalizar rapidamente certas situações favoráveis.

A Internet pode ser usada como veículo para desenvolver múltiplas atividades de relações públicas. Um *survey* no site da Web da empresa pode coletar dos internautas informação instantânea a respeito de opiniões sobre temas e questões de interesse. O serviço de *clipping* on-line pode coletar dados e fatos acerca da companhia, da mesma maneira que o Web site pode ser uma sala de imprensa virtual onde os jornalistas obtêm *press releases*, fotografias e *press kits*. Muitas outras possibilidades e oportunidades para uso da Internet como veículo de relações públicas serão apontadas e examinadas de forma concreta e detalhada ao longo deste livro.

2 Internet como Tecnologia e como Ferramenta de Comunicação

As novas tecnologias causam significativas transformações na sociedade, provocando mudanças de hábitos e de comportamento. Isso não poderia ser diferente com a Internet, que neste capítulo é examinada em suas principais características como tecnologia emergente, de manejo relativamente simples, e, em seguida, como uma promissora ferramenta de comunicação, um meio bastante diferenciado da mídia tradicional: televisão, rádio, cinema, revista e jornal.

Internet como tecnologia

O termo "Internet" surgiu com base na expressão inglesa "INTERaction or INTERconnection between computer NETworks". Assim, Internet é a rede das redes, o conjunto das centenas de redes de computadores conectados em diversos países dos seis continentes. As ligações entre elas empregam diversas tecnologias, como linhas telefônicas comuns, linhas de transmissão de dados dedicadas, satélites, linhas de microondas e cabos de fibra óptica.

Nenhum governo, nenhuma empresa ou instituição controla a rede mundial. Os padrões e as normas da Internet são organicamente estabelecidos pela comunidade. Cada organização instala e mantém sua própria parte na rede, permitindo ainda que as informações enviadas por ela transitem por suas rotas isentas de qualquer custo.

Mudando conceitos: a comunicação distribuída

As primeiras tecnologias de comunicação dependiam do estabelecimento de redes de conexão, que eram baseadas fundamentalmente em sistemas hierárquicos, com a presença de um elemento central, que é o chefe do comando e possui o controle de todas as ações empreendidas.

Durante a Guerra Fria, o temor era que uma única bomba nuclear do inimigo pudesse eliminar completamente qualquer forma de comando ou controle entre o Pentágono e as instalações militares norte-americanas espalhadas pelo mundo, em virtude do modelo tradicional de comunicação hierárquica (ver Figura 1) então adotado para a comunicação entre as altas patentes militares e o governo dos Estados Unidos.

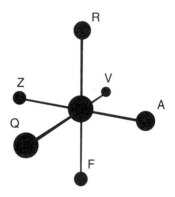

Fonte: Shiva, 1997: 4.

Figura 1 Sistema de comunicação hierárquica.

O sistema tradicional de comunicação hierárquica é constituído de um elemento central – no caso, o Pentágono –, que é o chefe do comando e do controle de todas as ações empreendidas. O círculo central está ligado a todos os outros elementos, assemelhando-se aos raios de uma roda. Se o centro for destruído, nenhuma comunicação será possível com qualquer um dos demais nós. Por exemplo, uma mensagem do nó "A" destinada ao nó "R" nunca poderá chegar a seu destino se o Pentágono for destruído.

Em 1964, a consultoria Rand Corporation foi contratada pelo governo norte-americano para auxiliar na solução do problema. Depois de um intenso estudo dos sistemas de comando e de controle do Departamento de Defesa, a Rand sugeriu a criação de um sistema de comunicação não hierárquico (ver Figura 2) para substituir o modelo tradicional, além de propor a implementação de redes de comutação de pacotes.

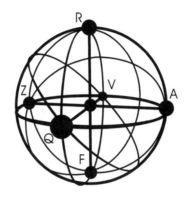

Fonte: Shiva, 1997: 5.

Figura 2 Sistema de comunicação não hierárquica.

O modelo do sistema de comunicação não hierárquica assemelha-se a uma esfera, na qual cada nódulo está conectado com todos os outros e ainda com o central (no caso, o Pentágono) por múltiplos links, não existindo, portanto, um ponto central vulnerável que, uma vez eliminado, comprometa os demais. Na verdade, o sistema de comunicação não pode ser destruído com a supressão do ponto central. Mesmo que ele seja anulado, a mensagem de um nódulo pode ser enviada a outro por diversas rotas alternativas.

Outra vantagem do modelo de comunicação não hierárquica é ter possibilitado o processo de comutação de pacotes. Trata-se de um protocolo ou de um conjunto de regras para dividir a mensagem em pacotes menores, que são endereçados separadamente e remetidos de uma máquina para outra com maior velocidade de transmissão e com tráfego por rotas menos congestionadas. O modelo garante que todos os pacotes cheguem ao destino final e sejam reagrupados, reconstituindo a mensagem original.

Funcionamento da Internet

Fisicamente, a Internet equivale a uma estrada da informação – mais propriamente uma "superestrada da informação", como a denominou em 1978 o futuro vice-presidente dos Estados Unidos, Albert Gore –, um mecanismo de transporte que conduz os dados por um caminho de milhões de computadores interligados. Os pacotes de informação viajam então pelas redes que compõem a Internet, seguindo um direção que passa por muitos níveis diferentes de redes em vários tipos de linha de comunicação.

Uma grande variedade de dispositivos processa esses pacotes para direcioná-los em seu caminho. Repetidores, hubs, pontes e portas de comunicação são empregados para transmitir dados entre as redes. Os repetidores apenas amplificam ou restauram o fluxo de dados aumentando a distância que eles podem percorrer. Os hubs unem grupos de computadores e permitem tomar atalhos para conversar entre si. As pontes (*bridges*) conectam as redes locais (LANs) e permitem que os dados endereçados a outra rede passem, enquanto bloqueia os dados locais. As portas de comunicação (*gateways*) funcionam de maneira similar a das pontes, mas também traduzem os dados entre um tipo de rede e outro.

Protocolos da Internet

Os pacotes de informações enviados pelos computadores da Internet contêm porções de dados e informações especiais de controle e endereçamento necessários para levá-los a seus destinos e remontá-los em sua forma original. Esta tarefa é realizada por um protocolo especial – Transmission Control Protocol (TCP) –, que define as regras para os procedimentos de comunicação em uma rede. Por sua vez, o Internet Protocol (IP) cumpre a função de descobrir o caminho adequado entre o remetente e o destinatário e enviar os pacotes.

Esses dois protocolos mais comuns combinam-se para formar o TCP/IP, a linguagem universal da Internet, que pode ser implementada em qualquer tipo de computador, pois é independente do hardware.

Níveis das redes da Internet

Uma rede local (Local Area Network – LAN) é formada por dois computadores ou algumas dezenas deles e não se estende além dos limites físicos de um edifício ou de um conjunto de prédios de uma única instituição, estando limitada a distâncias de até 10 km. A LAN é normalmente utilizada nas empresas para interligação local de seus computadores.

Caso o computador central dos dados que estão sendo enviados não esteja próximo, roteadores guiam os pacotes em sua jornada por redes de nível médio. Roteadores são pontes inteligentes que lêem o endereço contido nas primeiras linhas de cada pacote e em seguida encontram a melhor maneira de enviar os dados a seu destino, levando em conta a ocupação das redes de nível médio, também conhecidas como Metropolitan Area Network (MAN). Portanto, uma rede de nível médio, chamada de rede metropolitana ou regional de computadores, abrange até algumas dezenas de quilômetros e em geral interliga algumas centenas de computadores em dada região.

Se o destino de um pacote for outro computador localizado em um país ou na região distante, o roteador envia-o primeiro para um ponto de acesso à rede, o chamado Network Access Point (NAP), onde é rapidamente transportado pelo país, ou do mundo, empregando redes de longo alcance, denominadas Wide Area Network (WAN), que interligam computadores distribuídos em áreas geograficamente separadas.

A espinha dorsal desta rede, conhecida como *backbone*, é uma estrutura composta de linhas de conexão de alta velocidade que emprega linhas telefônicas especiais ou outras ligações de alta velocidade e de ampla banda passante. Mais uma vez, os roteadores guiam os pacotes em seu caminho até o destino final, onde são passados para uma rede de nível médio e, finalmente, para o computador central.

Redes intranets e redes extranets

As redes locais (Local Area Network) e de longo alcance (Wide Area Network) existem há muitos anos. Mais recentemente, um grande número delas adotou o protocolo TCP/IP e outras inovações, como a World Wide Web, surgindo assim as redes intranets e as redes extranets, baseadas nos padrões e nas tecnologias da Internet.

Intranets: melhorando a comunicação interna

Uma intranet é usada apenas no ambiente privativo das empresas. Em vez de circular publicamente no mundo, como na Internet, as informações que transitam em uma rede intranet só são acessíveis à organização a que pertence e ao seu pessoal interno. Ela permite a comunicação entre seus empregados por meio de correio eletrônico e do acesso e consulta a informações técnicas e comerciais. Outros softwares para intranet oferecem serviços adicionais de grupos de discussão, formados para a troca de informações sobre determinados assuntos de interesse da empresa, e de conversas on-line do tipo Internet Relay Chat (IRC).

As organizações reconhecem vantagens no uso das intranets sobre as tradicionais comunicações que empregam o suporte papel, destacando-se: maior segurança, maior largura de banda, melhoria nas comunicações internas, atualidade das informações, redução dos custos de distribuição e maior participação (Sherwin & Avila, 1999: 415-47).

Maior segurança. As intranets oferecem às empresas um caminho mais seguro para transmitir informações sigilosas como relatórios de vendas e de pesquisas de mercado, já que a circulação de versões impressas desses documentos aumenta o risco de suas informações vazarem. A preocupação com a segurança exige a adoção de um controle de senha para ingressar no sistema. Por sua vez, algumas empresas dividem os usuários em grupos com direitos de acesso específicos. Assim, por exemplo, apenas determinados executivos conseguirão obter dados financeiros da companhia (Grego, 2000).

Maior largura de banda. As intranets permitem a transmissão da informação sem a conhecida lentidão da Internet. O padrão Ethernet oferece a conexão física de redes locais em alta velocidade, com maior quantidade de informação passível de ser transmitida por unidade de tempo, tornando muitas vezes a intranet mais interativa, interessante e rica em conteúdo do que o próprio site da empresa na Internet. Até mesmo vídeos de treinamento podem ser oferecidos pela intranet ao empregado sem que ele saia de sua mesa de trabalho.

Melhoria nas comunicações internas. Uma intranet proporciona uma comunicação melhor e mais rápida entre os empregados, tornando-se um importante meio para que eles possam colaborar em projetos. A comunicação interna beneficia-se bastante da informação facilmente compartilhada pelos funcionários e pelas facilidades que a intranet apresenta para uma comunicação dialógica.

Atualidade das informações. Em uma intranet, a informação é mais atualizada e está disponível a qualquer hora. Enquanto um manual técnico de produto, por exemplo, pode ficar rapidamente superado pelo veloz desenvolvimento tecnológico, as informações em disponibilidade nas intranets podem ser atualizadas quase no mesmo instante.

Redução dos custos de distribuição. Apesar de os necessários investimentos em hardware e software serem considerados vultosos, sobretudo para as pequenas empresas, muitas dispõem de algum tipo de rede interna de computadores, o que pode tornar o desenvolvimento de uma intranet um projeto pouco oneroso para a companhia. Por outro lado, se forem consideradas as despesas com a produção, impressão e distribuição dos tradicionais *newsletters*, manuais e listas de telefones internos, uma intranet pode reduzir drasticamente os custos de comunicação com os empregados.

Maior participação. Por suas características, a intranet é, ao mesmo tempo, uma poderosa ferramenta de gestão empresarial e um importante meio de viabilizar o trabalho em grupo na empresa. Para isso, o sistema não deve ser visto como um mero canal de comunicação da gerência com os empregados, mas usado de um modo interativo para que estes possam trocar informações entre si. Cada departamento deve ter seu próprio site para apresentar e divulgar seus projetos, suas realizações e notícias. Isso encoraja a discussão entre os empregados e contribui para aumentar a participação, fortalecer a cultura corporativa e aumentar o moral.

Extranets: ligando-se com públicos-chave da organização

Outra aplicação das tecnologias Web, a extranet é uma rede exclusiva de acesso dos parceiros de negócios da organização: fornecedores, revendedores, distribuidores e clientes. Ao contrário das intranets, dirigida ao público interno de uma organização, uma extranet estende-se a públicos mais diretamente ligados com a empresa, que devem ser vistos pelo profissional de Relações Públicas como uma audiência valiosa.

A Comunicação Rede Scania na Internet (CoresNet), extranet montada em 1998 pela montadora de caminhões para ligação com as concessionárias da marca, mereceu aprovação unânime por facilitar a troca de informações e propiciar uma apreciável redução de custos e de tempo. Além da significativa redução da burocracia e do fluxo de papéis por fax ou correio, a CoresNet ainda incrementou os negócios da área de pós-venda:

> Ficar dependurado horas e horas no telefone para descobrir se a fábrica tem determinada peça ou se o dono do caminhão fez as revisões de rotina é coisa do passado nas concessionárias da Scania. Na era da informação on-line e em tempo real, o pessoal de pós-venda das 92 revendas espalhadas pelo país acessa uma extranet para obter esse tipo de informação. Resultado: a troca de dados entre a indústria e seus parceiros ganhou agilidade e ficou mais barata. Hoje 90% das transações da área de pós-venda são feitas pela extranet. (Crespo, 2000)

A extranet também coloca à disposição para as revendas da Scania a consulta a manuais de veículos, serviços e material técnico, bem como a listas de preços, relatórios de peças pendentes, reclamações de garantia e níveis de estoque. Para evitar qualquer alteração nos dados, os procedimentos de segurança adotados são similares ao da rede intranet: os concessionários recebem duas senhas, uma para navegar na rede e outra para ter acesso a partes restritas da extranet.

Internet como ferramenta de comunicação

A velocidade de disseminação da Internet em todo o mundo deve transformá-la efetivamente na decantada superestrada da informação. Oferecendo entretenimento, serviços e negócios, a rede mundial ainda é um novo meio de comunicação que rivaliza com a televisão, o jornal e outros veículos de troca e difusão da informação.

Diferenças da Internet em relação à mídia tradicional

A Internet é uma tecnologia emergente no Brasil e uma ferramenta de comunicação bastante distinta dos meios de comunicação tradicionais — televisão, rádio, cinema, jornal e revista. Cada um dos aspectos críticos que diferenciam a Internet dessas mídias deve ser mais bem conhecido e corretamente considerado para o uso adequado da rede mundial como efetiva ferramenta de relações públicas.

Não-linearidade. As diferenças entre o material impresso em papel e o visualizado na tela do monitor de um computador são grandes,[1] afetando profundamente o modo como as pessoas absorvem as mensagens que se tenta transmitir e reagem a elas. O papel é linear. Um memorando, por exemplo, é lido a partir do canto superior esquerdo, palavra por palavra. Mesmo se ele tiver diversas pá-

---

1. A premissa adotada por Holtz (1999: 61) para evidenciar a profunda diferença entre a Internet e as comunicações sobre o suporte papel é a seguinte: "Quando você lê algo na tela de um monitor de computador — um jornal on-line, um site da Web de entretenimento, uma mensagem de correio eletrônico —, você está lendo luz, não papel. O item que você está lendo não tem propriedade física nem substância. Ele é simplesmente uma configuração de luz mostrada pelo monitor".

ginas, o leitor começa pela primeira, pois não faz sentido nenhuma outra ordem de leitura.

Já a informação alojada na Internet é não linear. Nela, o hipertexto permite que o usuário se movimente pelas estruturas de informação do site sem uma seqüência predeterminada, mas saltando entre os vários tipos de dados de que necessita. A principal característica do hipertexto é sua maneira natural de processar informação, funcionando de modo semelhante à mente humana, que trabalha por associações de idéias e não recebendo a informação linearmente. Um estudo conduzido em 1997 pela Sun Microsystems revelou que 79% das pessoas que visitam os sites da Web correm os olhos por toda a tela e fixam-se em um ou outro lugar, em vez de ler a página inteira, palavra por palavra (Holtz, 1999: 64). Dessa maneira o internauta que navega em páginas de hipertexto vai acumulando conhecimento, segundo seu interesse e até obter o que deseja.

A não-linearidade da informação na Internet exige que o material mostrado na tela do monitor suscite no leitor a confiança de que ele encontrará no site a informação procurada. O redator do texto precisa antecipar o motivo pelo qual o usuário está visitando aquele site e certificar-se de que o que ele vê tem um contexto estabelecido, uma navegação apropriada e, por último, vai satisfazer plenamente suas necessidades de informação.

Fisiologia. A tela do computador afeta a visão humana de modo diferente do suporte papel. Uma das reações mais óbvias ao ler a luz do monitor é que nossos olhos piscam menos do que as 16 vezes por minuto com a vista relaxada, o que pode levar a maior incidência de fadiga visual (ardência, visão embaçada ou embaralhada) e de dores de cabeça. Também ao ler um papel, o leitor naturalmente afasta ou aproxima o documento de seus olhos para permitir uma distância correta de leitura. Não é o caso da tela do monitor, o qual está fixado a uma mesa e força os olhos a ajustar-se ao tamanho do tipo de letra do texto que está sendo visualizado.[2] Por isso, quando

---

2. "O certo é manter a tela entre 40 cm e 60 cm de distância e, caso haja alguma dificuldade para identificar as letras, alternar para uma resolução menor, como a de 640×480 pontos. Monitores maiores ajudam, como os de 15 polegadas ou 17 polegadas." (Madureira, 2000: F8)

as pessoas lêem on-line, lêem mais vagarosamente. O mesmo estudo da Sun Microsystems apontou que o internauta lê 25% mais devagar na tela do monitor e, assim, a recomendação é que o texto preparado para a Internet seja cerca de 50% mais curto do que o escrito para papel.

Instantaneidade. Nos grandes acontecimentos – como os desastres da natureza e as tragédias causadas pelos homens –, nenhum meio de comunicação rivaliza com a cobertura feita pela TV, que divulga os fatos ao vivo para a audiência. Entretanto, na maioria das vezes, é preciso esperar pelas notícias no telejornal da manhã ou da noite, ocasiões em que as pessoas estão no meio de um tráfego congestionado, tentando chegar ao trabalho ou em casa. O jornal é ainda mais lento: os fatos precisam ser cobertos pelo repórter, a notícia é redigida e editada, as máquinas têm de rodar o jornal e, finalmente, ele precisa ser distribuído para as bancas e entregue nas residências e nos escritórios.

A Internet, com uma velocidade conseguida apenas pelo fax e pelo telefone, transmite as mensagens e os arquivos quase no mesmo instante, seja respondendo à pauta enviada por um jornalista via e-mail, seja publicando uma notícia na World Wide Web para imediato conhecimento dos mais diversos públicos da empresa. Muito rápida e abrangente, a rede mundial permite transferir a mensagem, com som, cor e movimento, para qualquer parte do mundo.

Dirigibilidade. Os veículos de mídia impressa e de mídia eletrônica sofrem severas restrições de espaço e de tempo. Além disso, um editor determina o que é ou não notícia, o que vai ou não ser publicado. Na Internet, outra grande vantagem é que a informação pode ser instantaneamente dirigida para a audiência sem nenhum filtro.

Embora o telejornal matutino possa ter uma audiência bastante superior, a Internet propicia ampla gama de possibilidades para direcionar as mensagens a alvos específicos. Dada informação pode ser enviada diretamente a consumidores ou prospects de determinada empresa, código de CEP, regiões geográficas e nações, bem como hora do dia, plataforma de computador e browser.

Qualificação. A princípio restrita aos aficionados da informática, a Internet atrai agora um público mais amplo no Brasil. Em agosto de 1998 atingiu um total de 3.392 mil usuários, um crescimento de 40 vezes em três anos. Em julho de 2001, a Internet brasileira alcançava 11,9 milhões de internautas, por volta de 6,8% da população total, concentrados nas nove principais regiões metropolitanas do país.

Os números são modestos se comparados com a TV, principal veículo de comunicação em termos de audiência e de cobertura nacional. Mas a Internet apresenta um público jovem e qualificado, com alto nível de escolaridade, elevado poder aquisitivo e perfil ocupacional em que predominam as posições de empresário, executivo e autônomo. Por tais características, a audiência da Internet deve merecer a atenção do profissional de Relações Públicas também como importante formadora de opinião.

Custos de produção e de veiculação. Os custos de produção e de inserção de comerciais na televisão são bem elevados. Um simples comercial de 30 segundos, veiculado em um programa no horário nobre, chega a custar R$ 50 mil, enquanto uma campanha publicitária pode custar milhões de reais. Da mesma forma, os custos da mídia impressa são bastante expressivos, tanto para a produção das peças como para sua inserção em jornais e revistas.

Relativamente, a Internet é pouco dispendiosa. Depois dos investimentos iniciais em hardware e software, o uso da rede nos esforços de relações públicas tem um custo pequeno. Publicar uma informação na World Wide Web ou enviar uma mensagem de correio eletrônico gera despesas irrisórias mesmo comparadas às tarifas telefônicas de longa distância.[3]

---

3. Até mesmo uma redução de custos operacionais se torna possível com a presença da empresa na Internet. A Federal Express, por exemplo, implantou no seu site da Web (http:/www.fedex.com) um serviço automatizado de atendimento ao consumidor, economizando US$ 8 em cada transação, que custavam US$ 40 por chamada telefônica no antigo serviço 0800. Para a GTE, a disponibilização no seu site (http://www.gte.com) do relatório anual, a partir de 1996, significou uma economia da ordem de US$ 1 milhão nos custos dos Correios (Sherwin & Avila, 1999: 35).

Interatividade. Caso o telespectador não goste de comerciais, ele provavelmente desligará o som ou mesmo sairá da sala para fazer alguma coisa enquanto espera terminar o intervalo comercial. Se o programa de TV não estiver agradando, o telespectador pode pegar o controle remoto e mudar de canal em canal até achar algo mais interessante para assistir. Esse é o máximo de interatividade que a televisão proporciona, pois a mídia tradicional é, notoriamente, um veículo de mão única. Também a leitura é um processo passivo. A única interação do leitor com o objeto está no ato físico de segurar o livro e virar suas páginas.

Entretanto, Holtz (1999: 62) alerta para o fato de que, diante de uma tela de computador, o internauta tem latente a expectativa de interatividade. Assim, o conteúdo on-line que não ofereça um padrão mínimo de interação tem pouco valor para o usuário e inibe a compreensão da mensagem. Felizmente, a Internet permite diversas formas de interatividade em suas aplicações. Os grupos de discussão, por exemplo, já têm embutida em seu propósito a interação entre os participantes de um grupo com interesse focado em um assunto específico. Mesmo o correio eletrônico pode ser interativo quando se encoraja as respostas e gera discussões entre uma lista de pessoas que estejam recebendo a mensagem.

A interatividade da rede mundial é muito valiosa para quem quer dirigir mensagens específicas para os públicos de importância da empresa. Um ponto bastante positivo, pois os esforços de relações públicas só são efetivos se eles forem bem recebidos. Na Internet, a organização não está falando *para* uma pessoa, mas conversando *com* ela.

Pessoalidade. A pessoalidade da comunicação na Internet guarda uma relação direta com a interatividade proporcionada pela rede mundial. Para Sherwin & Avila (1999: 33), o que faz a Internet interativa também faz a comunicação ser muito pessoal.

> Em primeiro lugar, você está no escritório ou na casa de uma pessoa que está fisicamente mais próxima do computador do que da tela de TV e, provavelmente, ainda estará sozinha. Em segundo lugar, aquela pessoa procura uma informação que você oferece. Em terceiro lugar, ele ou ela podem escrever diretamente para uma pessoa em sua empresa e receber

uma resposta pessoal (isto é, caso você esteja fazendo relações públicas na Internet da maneira correta!). Agora, tente fazer isso com a televisão.

Acessibilidade. Um site da Web, por exemplo, está disponível ao acesso dos usuários 24 horas por dia, sete dias por semana, 365 dias por ano.

Receptor ativo. Muitas pessoas assistem a seus programas favoritos de TV para entreter-se ou se informar. A publicidade aproveita essa disposição favorável do telespectador para veicular comerciais de produtos, serviços e marcas, quer a audiência queira ou não. Apenas os anunciantes com elevadas verbas publicitárias podem então atingir um grande número de seus consumidores e prospects.

Na Internet as coisas são diferentes, pois cada organização tem igual oportunidade de atingir a mesma audiência.[4] A rede não segue os padrões da TV, cuja mensagem é levada e alardeada na sala de um telespectador passivo. Ao contrário, com milhões de sites da Web disponíveis na rede mundial, a audiência tem de buscar a informação de maneira mais ativa. Daí se dizer que a Web é uma mídia *pull*, que deve puxar o interesse e a atenção do internauta, enquanto a TV e o rádio são mídias *push*,[5] nas quais a mensagem é empurrada diretamente para o telespectador ou ouvinte, sem que ele a tenha solicitado.

---

4. Sherwin & Avila (1999: 36) entendem que essa é uma grande vantagem para os pequenos negócios e as organizações. Embora as grandes companhias tenham mais recursos para desenvolver na Internet um conteúdo mais substantivo ou divulgar amplamente seu site na Web, as mesmas funções estão disponíveis até para a mais humilde empresa. Seja um conglomerado de empresas ou uma única organização, sua presença na rede mundial será mensurada por seu endereço de e-mail ou de seu site na Web, que estará tão acessível como os demais.
5. Ao contrário da Web, o correio eletrônico segue, em geral, o modelo da mídia *push*.

3 Aplicações da Internet nas Relações Públicas

A suspensão da proibição do uso comercial da Internet contribuiu para a expansão da rede mundial, transformando-a em um fenômeno de dimensões globais. Este capítulo enumera, de maneira resumida, as novas aplicações e possibilidades da Internet no suporte a estratégias de relações públicas, além de apontar suas limitações como tecnologia e meio de comunicação ainda em desenvolvimento, para facilitar adequada compreensão dos limites a serem observados no planejamento das ações de relações públicas no âmbito da rede mundial.

Vantagens da Internet para as Relações Públicas

Os benefícios que a Internet pode trazer para os programas e para as estratégias de relações públicas decorrem, principalmente, de características e aspectos próprios. Entre eles, sua condição de mídia de massa e de ferramenta para a comunicação com a imprensa, a sua capacidade de localização do público-alvo, a presença em tempo integral, a eliminação das barreiras geográficas e as facilidades que permite para a busca da informação e administração da comunicação em situações de crise.

Mídia de massa

"Os líderes empresariais precisam parar de ver a Internet como uma rede de computadores interligados. A Internet é uma rede de milhões de pessoas interligadas." A advertência do escritor e consultor norte-americano David Siegel (2000: 133-4) é muito oportuna por revelar o potencial da rede mundial como nova mídia de massa e promissor instrumento de relações públicas.

Mas, como vimos, a Internet é uma mídia com características distintas das apresentadas pelos meios de comunicação tradicionais. A presença da organização na Internet, sobretudo por meio de seu site na Web, deve ser explorada para oferecer conteúdos que tanto sejam de interesse de seus públicos como contribuam de maneira decisiva para atingir objetivos específicos de relações públicas.

Além de uma audiência altamente qualificada, um site na Web tem a vantagem do alcance mundial. Nele, as notícias podem ser lidas diretamente pelos públicos-alvo, sem depender apenas da decisão dos editores para publicação dos press releases em outras mídias de massa.[1] O relatório anual da companhia pode ser colocado à disposição de acionistas e da comunidade financeira, da mesma forma que os visitantes em geral podem fazer um *tour* virtual pelas dependências da fábrica. As relações com os consumidores e clientes podem ser fortalecidas por meio do oferecimento de serviços adicionais ou de informações atualizadas sobre produtos.

Comunicação com jornalistas

Uma notícia positiva sobre a empresa publicada em um jornal ou telejornal é uma das melhores maneiras para desenvolver a imagem corporativa, pela credibilidade que a informação tem devido ao endosso da mídia. Manter um bom relacionamento com a mídia é verdadeiramente crucial para qualquer plano de relações públicas. Afinal, esse setor é o "de maior visibilidade da opinião pública, pois irradia sobre todos os demais – e neles inculca – suas atitudes e percepções, expressas ou apenas sugeridas, a respeito da empresa" (Nogueira, 1999: 33).

---

1. Isso não significa, em absoluto, que o profissional de Relações Públicas abandone as demais formas de estabelecer ou manter relações efetivas e produtivas com a mídia ou descuide delas, já que, nos dias atuais, a imprensa é um dos mais importantes públicos de uma organização.

No planejamento de um site para a empresa é importante garantir que ele constitua uma valiosa fonte de informação para os repórteres. O espaço para a imprensa deve apresentar notícias atualizadas sobre a companhia e suas atividades, além das indicações de especialistas da organização que possam responder aos jornalistas a respeito de várias questões.

O correio eletrônico é outra ferramenta bastante útil. Notas, comunicados e press releases podem ser enviados por meio de listas de e-mails de repórteres. Uma precaução necessária é verificar antes (e cuidadosamente) a disposição deles em receber as mensagens de correio eletrônico.

Localizando o público-alvo

A localização de públicos-alvo na Internet é bastante facilitada pela segmentação da audiência. Mensagens de correio eletrônico podem ser mandadas a jornalistas e públicos com interesses comuns e específicos. Já as listas de discussão e os newsgroups estão divididos e organizados por determinados assuntos e tópicos. Por sua vez, os sites da Web contêm um vasto conjunto de informações sobre dado assunto, bem como seus hipertextos ligam-se a outros sites de interesse direto ou aproximado.

Na verdade, a quantidade de informação na Internet é tão grande que a tendência verificada na comunidade da rede mundial é de por si mesma organizar-se hierarquicamente em categorias distintas. Felizmente isso facilita aos profissionais de Relações Públicas identificar as audiências potenciais e dirigir-lhes suas mensagens (Sherwin & Avila, 1999: 38).

Marcando presença em tempo integral

A publicação de informações na Internet permite que as atividades de relações públicas estejam presentes e disponíveis 24 horas por dia. Por meio dos computadores, os públicos interessados podem conhecer mais e melhor uma organização, a qualquer hora. Em todo o mundo, os diferentes horários de fechamento das edições dos jornais não impedem que os jornalistas conectados à rede mundial acessem os sites das empresas na busca de informações e dados que completem suas matérias e reportagens.

Facilitando a busca de informação

Como ferramenta para prover e recuperar a informação, a Internet tem entre suas principais características a capacidade de permitir que a informação seja consultada dentro de uma organização ou em todo o mundo. Jornalistas que procuram fontes de informação podem entrar com palavras-chave em mecanismos de busca, o que transforma a Internet em uma verdadeira biblioteca mundial de referências. Mesmo o site da empresa deve oferecer o recurso de busca em seu conteúdo, o que facilita bastante a pesquisa dos repórteres ou ainda garante que o internauta tenha fácil e rápido acesso a uma informação de seu interesse, a respeito da organização e de suas atividades.

A busca na Internet não está restrita a publicações, arquivos e dados. A Internet pode ser pesquisada, com muito proveito, para localizar contatos de mídia ou identificar jornalistas que tenham interesse em assuntos da área de atuação da empresa.

Eliminando barreiras geográficas

Inúmeras barreiras de comunicação enfrentadas hoje têm sido quebradas pela Internet. Uma delas é a geográfica: empresas de diversos ramos começam a permitir que seus empregados trabalhem em casa, conectados ao escritório por meio de computadores equipados com um modem. A rápida disseminação da Internet no mundo dos negócios ainda possibilita que alguns empreendedores tenham escritório em sua própria casa e, dela, estabeleçam conexões em todo o mundo.

Os jornalistas também podem realizar suas entrevistas, por meio do e-mail, com pessoas que estejam em qualquer parte do planeta. As perguntas e as questões circulam pela rede mundial em uma ou mais sessões, sem que muitas vezes entrevistado e entrevistador se conheçam pessoalmente.

Administrando a comunicação em períodos de crises

Apesar de todos os cuidados, as crises têm sido sempre críticas nas organizações. Grandes corporações e mesmo pequenas empresas e organizações sem fins lucrativos podem encontrar-se rápida e inesperadamente em situação de ter de se explicar e defender perante seus públicos e a mídia. Na atual sociedade da informação, as crises recebem a imediata e às vezes devastadora cobertura dos meios de comunicação. Em curto espaço de tempo, o problema é matéria de capa de todos os jornais e revistas, além de ser pautado com destaque pelos telejornais das grandes redes de TV.

A administração de crises é uma das tarefas básicas do profissional de Relações Públicas, como vimos, pois a maneira como a empresa é percebida ao encarar uma emergência pode marcar seu futuro pelos meses seguintes ou mesmo por muitos anos. Nas situações de crise, a comunicação é vital para a organização responder aos ataques da mídia e corrigir informações equivocadas, bem como esclarecer e atualizar os diversos públicos afetados ou envolvidos na questão.

A World Wide Web e os newsgroups podem-se tornar um dos mais importantes lugares que as pessoas procuram para obter informações recentes sobre a crise que se abateu sobre a companhia. O serviço de atendimento ao consumidor também deve ser orientado a responder aos e-mails recebidos de consumidores e clientes preocupados ou furiosos. Seja na Internet seja na mídia tradicional, o profissional de relações públicas deve garantir que a organização fale em uma só voz, uma única mensagem.

Limitações da Internet para as Relações Públicas

Tecnologia e meio de comunicação ainda em desenvolvimento, a Internet apresenta limitações e restrições que têm de ser conhecidas para evitar que as estratégias de relações públicas enfrentem reveses na implementação de ações e programas criados para a rede mundial. Sherwin & Avila (1999: 46-55) resumem em nove pontos as fraquezas e deficiências da rede mundial, todos implicando conseqüências para o uso da Internet como ferramenta de relações públicas.

As estratégias de relações públicas não devem ser exclusivas da Internet

A Internet deve ser mais um dos componentes das estratégias de relações públicas e não apenas a única e exclusiva ferramenta. Embora extremamente atrativa para promover as organizações com uma imagem de modernidade e tecnologia, a rede mundial, como meio de comunicação, não deve ser empregada em detrimento dos veículos de comunicação tradicionais, pois cada um deles tem seu campo de ação definido e limitado.

Muito recente, pouco testada e em constante desenvolvimento, a Internet ressente-se da falta de um conhecimento mais sistematizado e aprofundado de como as diferentes audiências se comportam na exposição e no consumo desse novo veículo de comunicação.

A Internet não substitui o papel, o telefone ou uma visita

Apesar da importância e da praticidade das novas ferramentas da Internet, como o e-mail, elas não substituem totalmente o press release em papel, o telefonema para uma conversa com o repórter ou uma visita. Todas as formas de abordagem mais pessoal aumentam consideravelmente as chances de a pessoa e de suas mensagens serem lembradas (ou não serem esquecidas).

A Internet não pode alcançar todos os públicos

As taxas de crescimento da Internet aumentam de maneira contínua e quase exponencial, sendo até hoje o meio de comunicação com o menor período de aceitação entre a descoberta e sua difusão mais maciça (ver Tabela 1). Permanece, porém, o fato de que muitas pessoas ainda não estão conectadas com a rede mundial. A ONU estimava, no começo de 2000, um total de 276 milhões de usuários, quase 5% da população mundial, concentrados na América do

Norte, na Europa Ocidental e no Japão. No Brasil, dados consolidados em julho de 2001 indicam que a Internet dá acesso a pouco mais de 11 milhões de pessoas, por volta de 6,8% de toda a população, com o maior número de usuários concentrados nas nove principais regiões metropolitanas do país.

Tabela 1 Intervalo entre a descoberta de um novo meio de comunicação e sua difusão

Meio de comunicação	Tempo de aceitação	Datas
Imprensa	400 anos	De 1454 ao século XIX
Telefone	70 anos	De 1876 até o período posterior à Segunda Guerra Mundial
Rádio	40 anos	1895 até o período entre as duas guerras mundiais
Televisão	25 anos	1925 até os anos 50
Internet	7 anos	1990 até 1997

Preocupados com a situação de exclusão de muitos países, especialistas da ONU sugerem ações urgentes para que, até 2005, todos tenham acesso à Internet. As principais propostas pedem a ampliação dos centros comunitários de acesso e o uso de escolas e bibliotecas como pontos de acesso para a população. Para os países em desenvolvimento, a ONU recomendou o perdão de 1% da dívida externa dos que se comprometerem a investir o valor correspondente na difusão da Internet (Farah, 2000: A13).

A Internet pode ser complicada para muitas pessoas

A Internet tem um conjunto próprio de ferramentas e muitas delas requerem um pouco de prática, especialmente para quem nunca

39

teve uma experiência com os computadores. Outra questão complexa provém do fato de ela ser também uma comunidade com regras e normas estabelecidas ao longo dos últimos 25 anos. Assim, suas regras de etiqueta, criadas com o objetivo de facilitar o fluxo da comunicação, podem constituir uma barreira adicional a ser enfrentada pelos novos usuários.

A Internet pode ser dispendiosa no início

Como vimos, os investimentos iniciais na compra de computadores, software, modem e no pagamento do serviço de acesso à Internet podem ser proibitivos para centenas de pessoas e para as pequenas empresas. No caso de provedores de conteúdo, os equipamentos e os custos de conexão são significativamente maiores, aos quais vêm somar-se as despesas relativas aos sistemas operacionais, à configuração e à manutenção do site na Web e à administração da rede.

Além de estar presente na Internet com o seu próprio site da Web, a organização pode ainda optar por alugar espaço em outro site ou contratar um consultor para cuidar de todos os detalhes. Já as companhias maiores, com grande presença na Internet, chegam a despender milhares de reais para implantar um site na Web, cujos custos anuais de manutenção – incluindo pessoal, treinamento e desenvolvimento – podem alcançar um valor similar.

A Internet requer esforços contínuos

A tarefa de manter a empresa na Internet requer esforços constantes, como responder com regularidade aos e-mails dos jornalistas, atualizar a informação no site da Web ou monitorar e contribuir para grupos de notícia relevantes.

Sherwin & Avila (1999: 50) fazem uma analogia muito apropriada: os sites de muitas organizações que são abandonados na Web sem atualização e outros cuidados parecem verdadeiras cidades fantasmas do ciberespaço.

A Internet tem problemas de segurança

Os protocolos de comunicação da Internet foram criados com a concepção de que a comunicação entre os computadores seria sempre amigável e cooperativa. A segurança não foi uma prioridade para o desenvolvimento desses protocolos, mas os novos tempos têm mostrado os graves riscos de segurança que os sites de órgãos governamentais e de empresas enfrentam na rede mundial.

Um computador é um verdadeiro diário com as páginas abertas. A vida de uma pessoa pode ser conhecida checando os e-mails enviados e recebidos, bisbilhotando as fotos e os arquivos de sites que vão sendo armazenados pela memória dos programas de navegação. Quando uma informação é enviada pela Internet, ela passa por diversos computadores antes de atingir seu destino e está sujeita a ser vista por outros internautas.

Criptografia é um dos recursos adotados para manter confidenciais e invioláveis as mensagens e informações que circulam na rede mundial. Um código é utilizado para cifrar a mensagem, no processo conhecido como *encriptação*, e torná-la incompreensível a qualquer pessoa que a intercepte. Contudo, recebida pelo destinatário correto, o mesmo sistema decodifica o texto no processo de *decriptação* e ele pode então ser lido em sua condição original.[2]

As páginas seguras da Web trabalham com browsers dotados de sistemas de segurança para que não seja possível ver a informação que está sendo transferida. Um servidor seguro mostra o desenho de um cadeado quando conectado pelo Netscape (no lado inferior esquerdo da tela) ou pelo Explorer (no lado inferior direito da tela). Outra maneira de verificar se o servidor é seguro consiste em observar o endereço: caso apareça `https://` em vez de `http://`, o servidor usa o sistema de segurança Secure Sockets Layer (SSL).

---

2. Os processos de encriptação e decriptação são definidos por algoritmos, criando códigos difíceis de quebrar, pois envolvem possibilidades muito grandes. O padrão norte-americano de encriptação NIST DES, por exemplo, usa chaves de 56 bits. Para decifrar uma mensagem, seria necessário tentar mais de 72 quatrilhões de valores possíveis (o número 2 elevado à potência 56).

Todas as vozes na Internet têm a mesma força

Por princípio, todos são iguais na Internet, pois no ciberespaço podem ser ouvidas tanto a voz da pequena empresa quanto a das grandes corporações. O lado negativo desta natureza igualitária é que as vozes negativas têm tanta autoridade e presença como qualquer outra. Mesmo que formule críticas e reclamações infundadas, qualquer pessoa recebe na Internet a mesma visibilidade das fontes autorizadas e de credibilidade.

A natureza não moderada da Internet também facilita a propagação de boatos e rumores infundados. As empresas devem ficar de sobreaviso e apresentarem sempre pronta resposta em relação a acusações difamatórias plantadas nos grupos de notícias ou distribuídas por e-mail.

A Internet é um recurso limitado

Apesar da previsão de que a Internet seria a futura superestrada da informação, a atual capacidade de transmissão e recepção de dados da rede é pequena, causando lentidão no tráfego e grandes congestionamentos. As ações de relações públicas são afetadas porque a largura de banda limita o tipo de informação que pode ser efetivamente distribuída pela rede mundial, tornando uma péssima escolha o emprego de imagens mais elaboradas e de filmes multimídia, que demoram horas para serem baixados pelos usuários.

A banda larga, como é chamada a transmissão de dados em alta velocidade, começou a ser explorada comercialmente no Brasil, embora cubra apenas alguns poucos estados. Cabos de TV, ondas de rádio e serviços telefônicos especiais são os meios bidirecionais pelos quais 300 mil usuários (número que a consultoria IDC Brasil estima chegar a 3,5 milhões em 2005) acessam hoje a Internet brasileira com velocidades entre 64 kbps e 2 Mbps, sem ocupar as linhas telefônicas comuns.

4 Correio Eletrônico

Desde seus primórdios, a Internet foi aos poucos se configurando para oferecer os mais variados serviços a seus usuários. Embora se modifiquem sem parar, os principais serviços – pelo menos os mais populares – são o correio eletrônico, as listas de discussão (ou de distribuição), a Usenet, o File Transfer Protocol (FTP), o Telnet, o Internet Relay Chat e a World Wide Web.

Considerado o mais antigo serviço da Internet, o correio eletrônico é discutido neste capítulo, em termos de sua sistemática de funcionamento e das possibilidades do seu uso como instrumento de relações públicas, bastante promissoras por apresentar uma grande versatilidade e permitir uma comunicação de dupla via.

Como funciona o correio eletrônico

Serviço mais antigo e popular da Internet, o correio eletrônico permite a troca de mensagens com pessoas em todo o mundo, com rapidez e sem nenhuma despesa, desde que os usuários estejam ligados a um provedor de serviço para conexão com a Internet.

O provedor de serviço ainda armazena as mensagens recebidas em uma caixa de correio, nela ficando disponíveis até que o usuário verifique o recebimento de correio eletrônico. A maioria dos softwares de correio eletrônico pode ser programada para verificar automaticamente a existência de mensagens na caixa de correio existente no provedor de serviço.

Partes das mensagens de e-mail

Conhecendo o endereço eletrônico da outra pessoa, que define a localização da caixa de correio do destinatário, é possível mandar mensagens e evitar o custo das tarifas telefônicas de longa distância. Um endereço de e-mail consiste em duas partes separadas pelo símbolo @ (arroba), como no exemplo:

```
sampaio@abc.com.br
```

A primeira parte corresponde ao nome do usuário de uma conta de correio em uma rede, nome que pode ser verdadeiro ou um pseudônimo. A segunda é o nome de domínio, que dá a localização da conta pessoal na Internet, com os pontos servindo para separar seus elementos. O nome de domínio contém o nome de uma organização e, em geral, os sufixos que designam o tipo de organização e o país do domínio. No caso do usuário Sampaio, abc é o nome empregado pela organização ABC Indústrias S/A; com é a abreviação de comercial, indicando, portanto, uma organização comercial; br é o sufixo para os domínios localizados no Brasil.

Para saber o endereço eletrônico de uma pessoa com a qual se deseja corresponder, a primeira maneira é a mais óbvia: telefonar para ela perguntando. Mas também existem na Web sites que ajudam na busca de endereços eletrônicos, devendo estes ser previamente registrados. Outro recurso útil nos programas de correio eletrônico é o livro de endereços, em que são armazenados os endereços de pessoas para as quais se enviam mensagens com maior freqüência.

Os elementos básicos de uma mensagem de correio eletrônico são o remetente, o destinatário, o assunto e as eventuais cópias que serão enviadas a outras pessoas:

    From: o endereço eletrônico de quem está enviando a mensagem.

    To: o endereço eletrônico da pessoa a quem está destinada a mensagem.

Subject: identifica o conteúdo da mensagem, devendo ser informativo ("Mapas de vendas") e nunca genérico ("Para sua informação").

Cc: uma cópia de carbono, que indica que uma cópia exata da mensagem será enviada a outra pessoa que não está diretamente envolvida, mas pode ter interesse na mensagem.

Bcc: do inglês *blind carbon copy*, permite o envio da mesma mensagem a diversas pessoas sem que elas saibam que outros também a receberam.

O correio eletrônico permite que sejam anexados arquivos de documentos, imagens, sons, vídeos ou programas na mensagem que está sendo enviada. Para isso o software precisa dispor do Multipurpose Internet Mail Extensions (MIME), da mesma forma que o computador que recebe a mensagem e os arquivos precisa entendê-lo. Também para os arquivos anexados serem transferidos com maior rapidez pode ser usado previamente o recurso da compactação dos dados.

Finalizada a mensagem no software de correio eletrônico, ela segue para um servidor de e-mail, chamado Simple Mail Transfer Protocol (SMTP). Trata-se de um computador com o protocolo SMTP, que recebe o e-mail do usuário, realiza algumas checagens e coloca-o no caminho para ser entregue na caixa postal do destinatário da mensagem.

Usos do e-mail com propósitos de Relações Públicas

Nas empresas, o correio eletrônico deixou de ser um recurso opcional de aumento de produtividade para tornar-se simplesmente obrigatório. Por ser uma potente e versátil ferramenta para praticar a comunicação em duas mãos, ele é também um dos mais novos e promissores instrumentos de relações públicas.

Ao assumir propósitos de relações públicas, o correio eletrônico pode alcançar os mais diversos públicos de interesse com uma comunicação direta, pessoa a pessoa. No caso das relações com a mídia, o e-mail pode ser empregado pelo profissional de Relações Públicas para o envio de press releases e newsletters eletrônicas.

E-mail na comunicação pessoa a pessoa

Todas as vantagens oferecidas pelo e-mail dependem de seu uso responsável e funcionam melhor se ele for enviado às pessoas com as quais já foi mantido um contato anterior ou que concordaram previamente em recebê-lo. Mesmo assim deve ser dada na mensagem a opção clara de a pessoa ser eliminada da lista de futuros e-mails, se desejar.

As mensagens de correio eletrônico enviadas de forma massificada para endereços desconhecidos podem provocar uma resposta imediata e muito hostil. A cultura da Internet considera essa prática do spam[1] uma invasão da privacidade e não as tolera.

O correio eletrônico pode ser usado na comunicação pessoal com variados propósitos, que vão desde alimentar um relacionamento com um repórter[2] até se engajar em uma delicada negociação com o representante de um grupo ativista. Um e-mail pode informar os mais diversos públicos sobre atualizações no site da Web da companhia, divulgar aos prospects o lançamento de um novo produto ou

---

1. A cena de um dos filmes de comédia do grupo inglês Monty Pyton é antológica. Em um bar, vikings barulhentos sentam-se em torno de uma mesa e começam a gritar "Spam!, Spam!, Spam!" para pedir presunto enlatado da marca "Spam", até que ninguém mais suporta aquilo. A situação inspirou a criação do termo spam, que dá nome à prática de enviar mensagens, via correio eletrônico, indiscriminadamente e em grande quantidade, distribuindo propaganda, correntes, boatos (sobretudo da detecção de novos vírus) e divulgando esquemas para ganhar dinheiro.

2. Os veículos de comunicação têm adotado o e-mail, um canal fácil e confortável, para estimular o leitor a participar, a dar sugestões e marcar sua presença em um envolvimento direto. Embora o telefone seja ainda o meio preferido pelos leitores, muitas revistas e vários jornais exploram o endereço eletrônico para criar uma relação diferenciada no recebimento de sugestões, críticas e comentários de seus leitores ou na divulgação de uma promoção exclusiva, de um projeto especial e mesmo de um briefing sobre o que o assinante encontrará no dia seguinte em seu jornal. Também os jornalistas dos grandes jornais e revistas já divulgam seus e-mails em suas colunas e rompem assim a barreira da distância, do inatingível, pois o próprio profissional dialoga com seu leitor, que muitas vezes se transforma em fonte para pesquisas e reportagens.

mesmo comunicar aos consumidores e clientes os melhoramentos realizados em determinado produto.

Os serviços de atendimento ao consumidor podem ter no e-mail um dos melhores instrumentos para promover relações com os clientes da empresa, evitando a morosidade do atendimento telefônico e as músicas ou mensagens comerciais que preenchem o tempo de espera e, muitas vezes, causam irritação no interlocutor. A comunicação via e-mail é uma maneira fácil de o consumidor formular suas questões e, para a empresa, constitui um canal rápido de resposta, tão pessoal quanto o telefone.

O e-mail é também um instrumento eficaz para divulgar notícias importantes para as audiências internas da organização, podendo contribuir ainda para estabelecer e manter um clima de participação e entendimento entre a empresa e o público interno. Na verdade, o e-mail é um recurso de comunicação tão eficiente, simples e rápido que muitos profissionais de Relações Públicas estão deixando de lado os contatos por telefone para utilizar cada vez mais essa nova ferramenta.

Escrevendo mensagens de correio eletrônico

A habilidade de escrever é a mais importante arma para a redação do texto da mensagem do e-mail. As palavras escritas são a melhor e, freqüentemente, a única oportunidade de criar uma impressão positiva e favorável no leitor. Assim, as mensagens de correio eletrônico devem ser claras, concisas (uma ou duas telas, no máximo) e não apresentar erros de ortografia ou concordância. Embora as abreviações sejam muito comuns nos e-mails particulares, deve-se evitar seu uso excessivo.

A informação é a matéria-prima da Internet e não pode estar ausente da mensagem. Como também muitas pessoas são céticas, não se pode esperar que elas aceitem cada afirmação como verdadeira. Portanto, o texto do e-mail tem de conter fatos, opiniões e estatísticas que comprovem as informações e alegações.

O texto deve ainda ter personalidade. Uma mensagem com personalidade, explica Charles Rubin (em Vitale, 1997: xii), é a que mescla um pouco da identidade do negócio no texto e fala de maneira direta e individualizada ao leitor. Qualquer um que leia o e-mail tem de sentir que a mensagem foi escrita especificamente para ele. A linguagem deve ser pessoal, empregando termos coloquiais, do dia-a-dia.

As palavras têm de expressar exatamente o que o redator quer dizer. Mensagens vagas ou ambíguas confundem o leitor e, assim, em nada contribuem para o início de um promissor relacionamento com o interlocutor. Muitas vezes o redator é obrigado a perder tempo (dele e do leitor) para mandar novas mensagens tentando explicar o que poderia ter dito logo na primeira vez.

Para evitar problemas de quebra de linha na tela do monitor do computador da pessoa que receber a mensagem é recomendável escrever linhas curtas, com no máximo 65 caracteres. O corpo de texto do e-mail pode incluir links com outros conteúdos da Web, o que facilita ao leitor visitar o site da empresa ou, melhor ainda, a área do site que traga informações adicionais de interesse do internauta.

O exemplo a seguir ilustra como o e-mail da RealNetworks, dirigido para os usuários de seu produto RealPlayer, observa os aspectos formais e de conteúdo próprios do correio eletrônico (os trechos sublinhados são links para o site da empresa):

```
Date: Thu, 20 Apr 2000 09:51:37 -0700
To: jbpinho@mail.ufv.br
Subject: NOTICIAS *RealPlayer 7 e RealJukebox
disponíveis agora em Português do Brasil!*
From: Notícias do RealPlayer <news@real-net.net>
X-MIME-Autoconverted: from quoted-printable to 8bit
by mail.cpd.ufv.br id NAA00607


++++++++++++++++++++++++++++++++++++++++++++++++++
Para retirar o seu nome desta lista de correio
eletrônico, leia as informações no final da mensagem.
++++++++++++++++++++++++++++++++++++++++++++++++++

Prezado cliente da RealNetworks,

Já estão disponíveis em português os novos
RealPlayer(R) Basic e RealPlayer(R) Plus com a mais
alta qualidade e avançados recursos de programação.
```

No RealPlayer 7, aumentamos a velocidade, adicionamos mais estações de rádio ao vivo e até mudamos sua aparência.

Clique aqui para fazer o download do RealPlayer 7: http://www.realstore.com/offers/int1.html

Você obterá as vantagens de uma programação sempre nova e atualizada com o Take5(TM), um show diário que você pode assistir diretamente na tela do seu computador! Além disso, colocamos à sua disposição uma ampla programação local diretamente do seu RealPlayer, disponibilizando um variado conteúdo brasileiro e internacional através dos RealChannels.

Para complementar a nova interface de usuário do RealPlayer 7 em português, estão também disponíveis nesse idioma a documentação da "Ajuda", as mensagens de erro e os arquivos Leia-me. As versões do RealPlayer 7 em francês, alemão, italiano, espanhol, chinês, coreano e japonês também já estão prontas para download.

Clique aqui para fazer download do RealPlayer 7: http://www.realstore.com/offers/int1.html

Enriqueça a sua experiência com a Internet fazendo download do RealJukebox(TM), também disponível em português. O RealJukebox transforma o seu computador no melhor meio para ouvir música e criar uma discoteca digital. Utilize-o para reproduzir, gravar, adicionar e gerenciar a sua coleção de músicas digitais. Com a nova interface em português, é bem mais fácil:

* Gravar a sua coleção de CDs inteira no computador, no formato RealAudio(R) ou MP3 — ouvindo simultaneamente as músicas!
* Fazer download de MP3 na Web
* Organizar facilmente milhares de músicas na sua discoteca personalizada

Clique aqui para fazer download do RealJukebox:
http://www.realstore.com/offers/int2.html

Obtenha os dois produtos promocionais — RealPlayer Plus e RealJukebox Plus — por um preço especial. Adquira ambos os produtos e economize US$10.00. Além disso você poderá receber devolução da quantia paga durante 30 dias a partir da compra. Para obter agora as vantagens dessa oferta, vá para:

http://www.realstore.com/offers/int3.html

Faça download de ambos os produtos promocionais e desfrute de horas ouvindo e assistindo a conteúdos interessantes.

Obrigado por continuar a utilizar os produtos da RealNetworks!

Ricardo Cidale
General Manager, Latin America and US Latino
RealNetworks
Seattle, WA USA

++
SOBRE ESTE CORREIO ELETRÔNICO

Esta mensagem eletrônica lhe foi enviada porque você fez download do RealPlayer e indicou que deseja receber notícias, atualizações e ofertas especiais da RealNetworks.

Para retirar o seu nome das futuras comunicações via correio eletrônico, basta visitar a seguinte URL e clicar no botão Remove:
==> http://ml.real.com/mlr/jbpinho@mail.ufv.br&lang=br
++

A RealNetworks respeita o seu direito de privacidade online. O seu endereço de correio eletrônico nunca será compartilhado com outro fabricante sem o consentimento do usuário. A nossa declaração de privacidade, que foi aprovada pela TRUSTe, está disponível em:

==> http://www.realnetworks.com/company/privacy/index.html

++
RealNetworks(R), RealAudio(R), RealJukebox(R) e RealPlayer(R) são marcas comerciais ou registradas da RealNetworks, Inc. Os nomes de empresas ou produtos de terceiros, mencionados neste documento, são marcas comerciais ou registradas de seus respectivos proprietários.

Para finalizar a mensagem, é importante acrescentar uma assinatura, evitando que o usuário digite seus dados numerosas vezes. A assinatura não deve ultrapassar quatro linhas e, em geral, inclui o nome, a organização, o cargo e os dados para contato (endereço eletrônico e telefone, principalmente).

Também para facilitar o destinatário, na resposta a uma mensagem recebida é conveniente mencionar uma parte do texto recebido para ele saber do que se está falando. Mais prático é utilizar a opção *Reply* do programa de correio eletrônico, que automaticamente coloca o sinal > (maior do que) na mensagem original e permite que a resposta à mensagem recebida seja digitada na seqüência.

Regras de etiqueta

As mensagens de correio eletrônico obedecem a algumas regras de conduta e procedimento específicas. Nenhuma delas foi definida por alguma autoridade no assunto, mas criadas pelos usuários ao longo do tempo.

Não usar acentuação é a primeira regra a ser observada, pois nem todos os usuários da Internet estão preparados para receber mensagens de correios eletrônicos com palavras acentuadas. Mensagens acentuadas só devem ser enviadas caso haja certeza de que o programa do destinatário entende os acentos.

O texto não deve ser todo digitado em letras maiúsculas (a chamada CAIXA-ALTA) porque é mais difícil de ler e esbarra em uma convenção: escrever tudo em maiúsculas é como gritar com a pessoa a quem nos dirigimos. Uma palavra que se quer destacar pode ser escrita em caixa-alta, mas é possível enfatizá-la com asteriscos (*), que correspondem ao nosso conhecido negrito (ou bold).

Press releases por e-mail

Para serem mais efetivos, os press releases enviados por e-mail devem ser dirigidos para um grupo selecionado de pessoas de notório interesse naquela informação ou naquele assunto. Pode ser uma lista de clientes que já manifestou o desejo de receber notícias da organização ou também um grupo de jornalistas que cobre o assunto tratado naquela mensagem.

Os press releases têm um formato padrão: a data, o nome de contato, o número de telefone, um título curto, o *lead* e o desenvolvimento da matéria. O texto tem de ser sucinto e responder ao leitor as seguintes questões: O quê? Quem? Como? Onde? Quando? Por quê?

A redação dos press releases e sua distribuição por e-mail devem ainda observar estas recomendações gerais:

Saiba o que é notícia. Nem todo novo contratado de sua organização é motivo para um press release. Mas um novo alto executivo pode merecer uma nota. Descubra o que interessa aos repórteres conhecendo o que eles cobrem habitualmente. Leia os seus artigos e publicações para ver o que eles determinaram que é importante. Se eles nunca noticiam novos produtos, então não os aborreça enviando um press release cada vez que a sua companhia lança o novo sabor de um produto.

Seja sucinto, direto e pessoal. Os repórteres enfrentam prazos de fechamento todos os dias. Eles não têm tempo para ler um calhamaço de informações. Faça um parágrafo de lead com no máximo 25 palavras. Assegure-se de que você deu a informação importante logo no início, senão eles nunca vão passar destas primeiras 25 palavras.

Cuidado com a gramática e a ortografia. Lembre-se de que você está escrevendo para redatores. Eles notam muito (negativamente) erros gramaticais e de ortografia. Invista em um bom livro de gramática [...][3].

Conheça os prazos de fechamento dos editores. As revistas geralmente têm o material preparado cerca de dois a quatro meses antes da data de publicação. Portanto, não acredite que se mandar um press release amanhã ele vai ser publicado na próxima edição de uma revista de negócios.

Não incomode os repórteres e editores com cobranças. Esta é uma questão polêmica entre os profissionais de Relações Públicas. Alguns argumentam que um telefonema vai assegurar que o repórter ou editor tome conhecimento do press release. [...] Na verdade, a iniciativa a ser tomada depende grandemente do seu relacionamento com o repórter. Se você já tem um relacionamento de trabalho com um jornalista e sabe que o assunto é do interesse dele, é aceitável telefonar e dizer: "Eu te mandei um press release e ele deve estar chegando. Dê uma olhada nele e me avise se você estiver interessado". Caso contrário, deixe o repórter em paz.

Mantenha sua lista de endereços atualizada. As salas de imprensa algumas vezes cediam endereços de correio eletrônico aos repórteres que trabalhavam lá durante a administração Jimmy Carter. Eles nunca foram acessados. Se você não se deu ao trabalho de obter os endereços de e-mails realmente usados por quem estava trabalhando lá, por que seriam eles que deveriam se preocupar com isso? Isto é especialmente crítico se você está mandando uma mensagem de correio eletrônico. Sua mensagem irá desaparecer no espaço.

Nunca mande mais de uma cópia do mesmo release para ninguém. Cheque e recheque seu mailing list para verificar se existem repetições!

Atenha-se aos fatos. Preocupe-se apenas com as questões básicas: O quê? Quem? Como? Onde? Quando? Por quê? Evite citações gratuitas e adjetivos dispensáveis, como "revolucionário". (Sherwin & Avila, 1999: 104-5)

O press release transcrito a seguir foi produzido pela Coordenadoria de Comunicação Social da Universidade Federal de Viçosa (UFV) e enviado por e-mail a jornalistas e editores de revistas e

---

3. Uma maneira prática de conhecer ou melhorar o estilo de redação jornalística é adquirir um manual de redação e consultá-lo sempre que surgir alguma dúvida. As bancas e as livrarias vendem manuais de redação e estilo de vários grandes jornais e revistas brasileiras.

jornais que cobrem a área rural, como sugestão de pauta. O endereço de correio eletrônico fornecido é o do próprio pesquisador, cujo link permite que os órgãos de imprensa contatem diretamente o responsável pela pesquisa para mais informações.

SUGESTÃO DE PAUTA - 13/6/2000

UFV combate plantas invasoras no Havaí e na Polinésia Francesa

A exemplo do que ocorreu há mais de dois anos, no Havaí, a Universidade Federal de Viçosa está transferindo o resultado de suas pesquisas para o controle de plantas invasoras de origem brasileira em outros continentes, utilizando um fungo inimigo natural dessas plantas. Em abril deste ano foi feita uma introdução inicial na Polinésia Francesa do fungo *Colletotrichum gloeosporoides miconiae*, para combater a miconia ou canela-de-veado *(Miconia calvescens)* que infesta florestas do Havaí e do Taiti e outras ilhas do Pacífico.

Como informa o responsável pelas pesquisas, professor Roberto Weingart Barreto, chefe do Departamento de Fitopatologia, a invasão de plantas de origem brasileira em diversas regiões do mundo tem provocado sérios problemas, ameaçando a agricultura e a biodiversidade mundial e transformando a paisagem de países inteiros. No Taiti, onde a miconia foi introduzida em 1937, ela já domina cerca de 70% das florestas e é conhecida como "câncer verde". Sob a copa formada pelas plantas desta espécie, nenhuma planta além da miconia é capaz de se desenvolver. O resultado é a eliminação das plantas nativas e dos animais que delas dependem com a ameaça crescente de extinção de ecossistemas inteiros.

Para combater a planta invasora, informa o pesquisador, foi feito um levantamento de fungos associados à miconia no Brasil, Equador, Costa Rica e República Dominicana. O primeiro fungo a ser descoberto atacando a miconia foi *Colletotrichum gloeosporoides*. Este fungo, capaz de causar uma queima na folhagem da planta, foi estudado em detalhe e verificou-se que ele é específico (só ataca a miconia) e, portanto, seguro para ser usado contra aquela planta, sendo inofensivo para outras plantas. Dois anos depois da liberação do fungo no Havaí a doença começa a se alastrar provocando queda nas folhas e aberturas nos focos onde antes só havia massas uniformes de miconia. A luz começa a atingir as partes mais baixas das florestas, sendo esperada uma colonização progressiva dos locais hoje dominados pela invasora por plantas nativas, restabelecendo-se o equilíbrio.

Informações com o professor Roberto Weingart Barreto.
Tel.: (0xx31) 3889-2623
E-mail: rwbar@ufv.br

Newsletters por e-mail

Aliada à versatilidade própria do e-mail, a facilidade de produção é o fator que deve tornar a distribuição de newsletter por correio eletrônico um recurso cada vez mais disseminado. A peça pode ser produzida em processadores de texto ou programas de desktop publishing e gravada em um produto como o Adobe Acrobat, que salva qualquer documento no formato Portable Document Format (PDF), permitindo que a newsletter seja visualizada em qualquer computador que tenha instalado o software de leitura, chamado Adobe Reader, fácil de ser obtido. Entretanto, Holtz (1999: 45) pondera que é mais simples a digitação do texto no sistema ASCII, que não requer nenhum software especial: se a pessoa pode receber o e-mail, ela pode ler a newsletter.

Como nos press releases, o redator da newsletter precisa respeitar a regra básica de ater-se exclusivamente aos fatos. Os artigos devem ser informativos, enxutos e sucintos como em um *lead* de jornal, escritos com sentenças curtas. Caso existam dados adicionais, podem-se indicar ao leitor as fontes de consulta, pois cada pessoa demanda determinado tipo de informação.

O ideal é que cada artigo da newsletter ocupe, no máximo, o tamanho de uma única tela. A separação dos artigos tem de ser feita com uma linha de sinais e símbolos, sem empregar letras ou números. Veja os exemplos:

```
========================================================
§§§§§§§§§§§§§§§§§§§§§§§§§§§§§§§§§§§§§§§§§§§§§§§§§§§§§§§§
********************************************************
```

No topo da mensagem deve figurar uma relação de todos os títulos ou assuntos tratados na edição, facilitando assim que o leitor consulte a lista para ver rapidamente quais as matérias de seu interesse. O recurso do hipertexto também pode ajudar o leitor a mover-se com facilidade para determinado artigo dentro daquele documento (ou em outro documento, caso pretenda obter informações adicionais).

O modelo de newsletter a seguir, desenvolvido por Holtz (1999: 44-6), oferece um formato bastante simples e funcional para a distribuição por e-mail entre interessados que solicitaram seu envio previamente.

```
To:         Nome do destinatário da newsletter
From:       Nome da empresa ou instituição que está enviando a
            newsletter
Subject:    Título da newsletter
Data:       Data em que a newsletter está sendo distribuída por e-mail


<><><><><><><><><><><><><><><><><><><><><><><><><><><><>

Neste número:
Título 1
Título 2
Título 3
```

Relação dos títulos dos artigos desta edição da newsletter dispostos em ordem. Podem ser feitos links em cada título para levar o leitor diretamente para a matéria (ou matérias) de maior interesse.

<><><><><><><><><><><><><><><><><><><><><><><><><><>

```
**********
Título 1
**********
```

Texto da matéria referente ao primeiro artigo

```
**********
Título 2
**********
```

Texto da matéria referente ao segundo artigo

```
**********
Título 3
**********
```

Texto da matéria referente ao terceiro artigo (e assim por diante)

```
**************************
SOBRE ESTA NEWSLETTER
**************************
```

Nome da empresa ou instituição que envia a newsletter e o endereço de correio eletrônico para obter outras informações a respeito das notícias da newsletter ou mesmo para o destinatário solicitar a interrupção do seu envio.

5 Usenet (Grupos de Notícia) e Listas de Discussão

Um grupo de notícia (ou *newsgroup*) é formado por pessoas com interesses comuns que se comunicam umas com as outras, realizando muitas vezes uma verdadeira conferência on-line na rede Usenet. Por sua vez, a lista de discussão (ou *mailing list*) é uma relação de pessoas que desejam receber informações, via correio eletrônico, sobre determinado assunto.

Este capítulo descreve as regras básicas de funcionamento dos grupos de notícia e das listas de discussão, comentando em seguida os propósitos de relações públicas que podem ser assumidos por esses serviços da Internet, principalmente para estabelecer comunicação com os grupos específicos que a formam e conhecer o que as pessoas dizem e pensam sobre a organização, seus produtos e suas práticas.

Como funcionam os grupos de notícia

Palavra formada tendo como base a expressão inglesa *Unix User Network*, ou seja, "rede de usuários do Unix", Usenet é o conjunto de todos os computadores e redes que estão conectados para distribuir informação de grupos de notícia. Existem aproximadamente 10 mil grupos ativos no sistema, criado em 1979 aplicando um protocolo chamado Unix to Unix CoPy (UUCP).

Servidores de notícias são os computadores que armazenam os documentos de newsgroup, mantidos por provedores de serviços da

59

Internet. A quantidade de grupos de notícia disponíveis depende do provedor, que pode limitar o número de grupos para economizar espaço de armazenamento. Algumas estimativas apontam que o volume de informação enviada a cada dia para grupos de notícias equivale a diversas enciclopédias reunidas.

Hierarquia na Usenet

Os grupos de notícia estão divididos em categorias separadas. A hierarquia tradicional de grupos de notícia compreende sete categorias: comp, misc, news, rec, sci, soc e talk. Os grupos em qualquer uma das categorias tradicionais só podem ser criados após um processo formal, que demanda uma requisição de discussão e uma chamada para votação. Qualquer outra categoria vai constituir a hierarquia alternativa de grupos de notícia, burlando as regras mais rígidas da Usenet, como o grupo alt, voltado para assuntos alternativos.

Quadro 1 Categorias dos grupos de notícias para artigos na Usenet

Hierarquia	Descrição
alt	Alternativo. Discussão de interesse geral que pode incluir assuntos bizarros, pouco usuais e até mesmo ofensivo para as pessoas.
alt.fan	Discussão de assuntos relativos a celebridades ou vilões do mundo real e da rede.
alt.config	Discussão sobre a formação de novos grupos dentro da hierarquia alternativa da Usenet.
biz	*Business* (negócios). As discussões de negócios são de natureza mais comercial do que em outros grupos de notícias e a publicidade é permitida em muitos deles.
comp	*Computers* (computadores). Discussões sobre hardware, software e informática. Os grupos de notícias comp são uma boa fonte de suporte técnico para a solução de problemas relativos ao computador.

Hierarquia	Descrição
misc	*Miscellaneous* (miscelânea). Discussão de vários tópicos que podem sobrepor-se aos de outros grupos de discussão.
news	(Notícias). Discussão sobre assuntos relacionados às políticas, às diretrizes e às questões administrativas da Usenet.
rec	*Recreation* (recreação). Discussão acerca de atividades recreativas, de lazer e hobbies.
sci	*Science* (ciência). Discussão sobre assuntos relacionados à ciência.
soc	Social. Discussão de questões sociais, culturais e políticas.
talk	(Conversa). Discussão, argumentação e debate em torno dos mais variados assuntos.

Cada uma das sete hierarquias tradicionais tem centenas de subgrupos. Logo que um grupo de notícia torna-se muito popular e disseminado, ele é freqüentemente retirado e dividido em grupos menores e mais específicos. Os grupos de discussão comp, por exemplo, apresentam subgrupos para software e hardware, IBM e Macintosh, entre inúmeras outras opções.

O nome do grupo de notícia descreve o tipo de informação nele discutido, começando com a distinção do primeiro grupo hierárquico, seguido por um ponto e de um ou mais nomes qualificativos. Estes não podem ultrapassar o cumprimento de 15 caracteres e cada um é separado do outro também por um ponto. Grupos moderados têm a terminação *moderated* em seu nome. Um voluntário lê cada artigo e decide se ele é apropriado para aquele grupo de notícia, enquanto nos demais grupos todos os artigos são automaticamente postados para todos lerem.

Conteúdo dos grupos de notícia

Um grupo de notícia pode conter centenas ou milhares de artigos, como são chamados os textos enviados ao grupo. Cada artigo pode ter a extensão de algumas poucas linhas ou a espessura de um livro. As respostas a um artigo original, chamadas de *follow-up*, respondem a uma questão, expressam uma opinião ou acrescentam informações a determinado assunto. Se a resposta não for de interesse dos membros do grupo de notícia ou seu respondente quiser enviar a mensagem de maneira privada, ela deve ser postada diretamente ao endereço eletrônico do autor da mensagem original.

Uma série de mensagens relacionadas ao mesmo assunto formam um encadeamento (ou *thread*), que deve ser lido inteiro antes de fazer contribuições a ele, para evitar possíveis repetições ou superposições. O encadeamento também pode ser realizado com base em uma pergunta inicial e respostas de outros leitores.

Para ter acesso às informações distribuídas é necessário conhecer os nomes dos grupos de notícia de interesse e solicitar sua subscrição. O assinante pode então ler os artigos postados por outros usuários e deixar suas mensagens com perguntas e comentários para serem lidas. Antes, porém, é conveniente consultar o Frequently Asked Questions (FAQ), um documento com uma lista das perguntas e respostas mais freqüentes no grupo de notícias, e com isso evitar levantar questões que já tenham sido respondidas.

Ler e postar mensagens em um grupo de notícias exige um leitor de newsgroup. Muitos browsers têm um leitor embutido, com a vantagem de seu visual ser muito parecido com o da Web, sendo fáceis de entender e usar. Outra opção é o TIN, software leitor geralmente fornecido pelos provedores de acesso.

Regras de etiqueta da Usenet

Os membros de grupos de notícia observam regras especiais de comportamento no envio de mensagens. As regras de estilo prescrevem que o artigo deve ser claro, conciso e não apresentar erros gramaticais ou ortográficos. Centenas e mesmo milhares de pessoas em todo o mundo poderão ler a mensagem, que, antes de postada, tem de ser lida e relida com cuidado. O artigo precisa evitar frases que possam ser interpretadas como ironia ou sarcasmo pelos leitores.

O assunto de um artigo é a primeira coisa que as pessoas lêem e por isso deve identificar corretamente o seu conteúdo, evitando generalidades do tipo "Para sua informação" ou "Leia já". Por sua vez, a adequação do artigo ao tópico em debate no grupo de discussão é importante para que ele desperte o interesse e a atenção. A certeza de que o artigo será lido, comentado e respondido tem como pressuposto inicial sua conformidade ao assunto do grupo de notícias.

É importante não postar o artigo para diversos grupos de discussão inapropriados, o chamado *spam*, que resulta em desperdício de espaço em disco e largura de banda nos meios de transmissão. O spam é considerado particularmente irritante quando a mensagem tem propósitos comerciais, como divulgar ou vender um produto ou serviço.

Como funcionam as listas de discussão

Combinação de correio eletrônico com grupos de notícias, a lista de discussão é apenas uma relação de pessoas que desejam receber informações, via correio eletrônico, sobre determinado assunto, previamente solicitadas ao administrador da lista. Daí também sua denominação "lista de distribuição", que existe em grande quantidade e cobre uma infindável variedade de assuntos.

É importante distinguir entre os dois endereços eletrônicos de uma lista de discussão. O endereço da lista de discussão é o que recebe as mensagens e as distribui a todos os membros da lista. Este é o endereço para o qual se enviam as mensagens de correio eletrônico que se deseja que todos recebam. Já o endereço do administrador da lista de discussão recebe mensagens relacionadas com questões administrativas.

Como subscrever uma lista

O pedido de inclusão em uma lista de distribuição é feito ao endereço eletrônico do administrador da lista. O assunto da mensagem deve ser "subscribe to mailing list" e o texto da mensagem deve dizer "subscribe" seguido do nome e do sobrenome do interessado. Pode-se incluir na mensagem algum comentário ou alguma observação para torná-la mais pessoal.

Quadro 2 Diferenças entre as listas de discussão e a Usenet

Listas de discussão	Usenet
Mídia *push*	Mídia *pull*
O usuário recebe todas as mensagens.	O usuário seleciona apenas as mensagens de seu interesse.
O usuário precisa arquivar as mensagens desejadas em seu próprio computador.	As mensagens estão arquivadas em um local comum.
O controle das mensagens está centralizado no administrador da mailing list.	O controle das mensagens é do usuário.
As regras de postagem são mais restritas.	É geralmente mais "barulhenta", a menos que seja moderada.

Fonte: Sherwin & Avila, 1999: 131.

O exemplo a seguir é de subscrição de uma lista de distribuição para discussão sobre veículos com tração 4×4 e offroads:

```
To:       offroad-request@off-road.com
Subject:  subscribe to mailing list
Message:  subscribe Carlos Moreira
```

Algumas listas de distribuição são administradas por programas como Majordomo, LISTSERV ou LISTPROC. Após saber as informações corretas sobre o nome do programa, site e domínio, a subscrição é feita enviando uma mensagem de correio eletrônico ao administrador, incluindo na mensagem o comando "subscribe", o nome da lista de distribuição e o nome do interessado.

Para assinar uma lista de distribuição administrada pelo programa LISTPROC, com discussão sobre dinossauros e outros animais pré-históricos, o exemplo é o seguinte:

```
To:       listproc@usc.edu
Message:  subscribe dinosaur Carlos Moreira
```

Um cuidado importante: subscrever mais de três listas implica o perigo de receber verdadeiras montanhas de mensagens de correio eletrônico. Mesmo assinando uma única lista, o usuário que planeja uma viagem de férias deve antecipadamente pedir sua exclusão temporária da mailing list, para impedir que a sua caixa de correios fique repleta de mensagens.

As listas de distribuição podem estabelecer limitações. Algumas restringem a quantidade de participantes, aceitando novas subscrições apenas no caso de eventuais desistências. Outras exigem que seus assinantes preencham certos requisitos, como o de ser médico no caso de uma lista de discussão sobre cirurgia. Outras ainda possuem um moderador, em geral um voluntário que lê cada mensagem enviada e a distribui aos membros da lista apenas se for considerada apropriada. Uma lista moderada mantém a discussão nos limites do assunto e remove as mensagens que contenham idéias já debatidas.

As mensagens para as listas de distribuição têm de ser escritas observando as normas já discutidas para as mensagens de correio eletrônico e de grupos de notícia, bem como seguindo regras de etiqueta similares. Convém relembrar um dos cuidados mais relevantes a serem tomados por quem entra em uma lista de discussão: seguir os costumes e as normas ditadas por seus membros. Antes de enviar seus próprios e-mails, o novo participante deve apenas ler as mensagens, certo período de tempo, para compreender e assimilar a dinâmica do grupo.

Usos da Usenet e das listas de discussão com propósitos de Relações Públicas

Os avanços da tecnologia aumentaram a velocidade de difusão da informação e, conseqüentemente, ampliaram a exposição das empresas, dos produtos e das marcas em nível mundial. Assim como as organizações ficaram mais vulneráveis aos olhos do público, as pessoas estão hoje mais conscientes de seus direitos e exigindo de empresas, instituições, entidades e órgãos públicos atitudes corretas (Oliveira, 2000).

A Usenet é menos difundida no Brasil, mas os grupos de notícia apresentam diversas oportunidades para que a organização estabeleça comunicação com públicos bastante específicos. Sempre que um grupo apropriado é identificado na Usenet, provavelmente terá sido localizada uma audiência que se pode beneficiar das informações dadas a respeito de uma empresa a seus componentes.

> Por exemplo, um grupo de aficionados em hortas caseiras está discutindo a frustração de ver lesmas invadindo seus preciosos canteiros de alface. Acontece que você tem a solução: um repelente orgânico que é seguro para usar em alimentos. Sem a informação soar como um comercial, você anuncia este novo produto ao grupo [....]. Em uma única mensagem você consegue se firmar como um valioso participante do grupo e ainda divulgou o seu novo produto ou serviço. Um aspecto importante é que o seu anúncio não foi feito a esmo nem foi solicitado, mas acabou por se revelar bastante benéfico para o grupo. (Sherwin & Avila, 1999: 140)

Os grupos de notícia são também um local privilegiado para identificar e monitorar o que as pessoas dizem e pensam sobre empresas, produtos, serviços e marcas. Um caso exemplar aconteceu com a Intel em 1994. Tudo começou quando um professor de matemática da Virgínia, nos Estados Unidos, postou em um newsgroup sua descoberta de que o chip Pentium não conseguia efetuar cálculos com determinados números sem um pequeno erro. A notícia se espalhou na rede e a companhia, além de reagir tardiamente, entrou na discussão procurando subestimar a descoberta do professor.

Uma estratégia infeliz que levou ao fiasco total: monitorando a discussão, um repórter descobriu o problema e publicou a informação em um grande jornal norte-americano. Logo a Intel começou a enfrentar uma grande crise de relações públicas pela repercussão da questão em todo o mundo, demorando um longo tempo para restabelecer a normalidade e, em seguida, investir nas ações necessárias para o reposicionamento de seu produto.

A Usenet é ainda bastante valiosa para os profissionais de Relações Públicas identificarem queixas e rumores antes que eles saiam de seu controle. Participando dos grupos de notícia, as pessoas trocam livremente informações umas com as outras, muitas vezes usando a Usenet como fórum de reclamações contra empresas, produtos e serviços. Assim, acompanhando as discussões, a empresa eventualmente atingida pode promover sua defesa ou desfazer de imediato boatos infundados ou maldosos.

Felizmente, não são apenas para rumores e queixas que a organização deve estar atenta nos grupos de notícia. A Usenet pode permitir que o profissional de Relações Públicas obtenha feedback instantâneo sobre sua empresa, seus produtos e suas práticas. As informações coletadas podem ajudar a manter a companhia socialmente responsável e devidamente conectada ao mercado e a seus públicos.

Por sua vez, as listas de discussão são subscritas por grupos de pessoas que apresentam interesses comuns e estão altamente predispostas a estabelecer relacionamentos, duas características que tornam esses públicos de grande importância para as relações públicas.

As pessoas subscrevem e contribuem com as listas de discussão porque elas têm interesses comuns, aprendem e ainda ganham com os relacionamentos que estabelecem e com as discussões que mantêm com seus componentes. Uma perspectiva que não deve ser esquecida quando se pretende empregar esse serviço da Internet como instrumento de relações públicas.

Uma lista de distribuição pode ser criada pelo próprio interessado, para incluir os jornalistas que devem receber os press releases e as newsletters da empresa. Mais abrangente, Holtz (1999: 43) recomenda o uso das listas de discussão para:

- ter certeza de que todos os envolvidos em uma negociação estejam capacitados a participar das várias discussões durante o processo;
- conduzir pesquisas com a técnica de discussão de grupo (*focus group*);
- selecionar participantes para uma discussão intensiva;
- informar resultados de pesquisa aos membros de audiências-chave;
- fornecer dados e informações atualizadas sobre determinadas questões e assuntos aos membros de audiências específicas da organização.

A idéia mais geral de criar e manter uma lista de discussão própria deve ser vista com reservas, sobretudo se a intenção da empresa for exibir e alardear suas últimas atividades e realizações. É provável que ninguém subscreva essa lista para evitar ser bombardeado 24 horas por mensagens comerciais como aquelas veiculadas em qualquer emissora de TV aberta.

6 Internet Relay Chat, FTP e Telnet

Este capítulo explica o funcionamento do Internet Relay Chat (IRC), do File Transfer Protocol (FTP) e do Telnet, estes dois amplamente utilizados, antes do advento da Wide World Web, para a troca de arquivos e para o acesso a computadores remotos, respectivamente. Hoje, o desenvolvimento dos browsers Web tornou mais funcionais seus recursos para a conversação, para a busca de arquivos e para o acesso a grandes bancos de dados, relegando o uso desses serviços a alguns verdadeiros aficionados da Internet.

No final são mostradas situações que trazem para a empresa a oportunidade de produzir eventos com propósitos de relações públicas nos canais de chat, além das aplicações do FTP e do Telnet no processo de comunicação das empresas com públicos mais específicos.

Como funciona o IRC

Internet Relay Chat (IRC) é uma rede que possibilita a pessoas de diferentes partes do mundo estabelecer uma comunicação instantânea na Internet. Designa também o protocolo para programas que permite entrar em um bate-papo pelos canais dedicados a diversos assuntos. Algumas sessões de chat podem abrigar 5 mil pessoas conversando ao único tempo em um mesmo canal, chegando a ser uma verdadeira conferência on-line.

Os programas mais comuns para acessar um servidor de chat são o Ircle, o mIRC, o Wsirc e o Pirch. Geralmente de fácil manejo, muitos softwares ainda oferecem recursos como mudar a cor e a fonte do texto que aparece na tela para tornar a mensagem mais fácil de ser lida. Há também espaço para o humor como o Comic Chat, produzido pela Microsoft, que acrescenta ao IRC recursos visuais das histórias em quadrinhos. O usuário escolhe a personagem que quer ser entre as disponíveis e manipula suas expressões.

Outros sistemas de chat para a Internet proporcionam uma interface gráfica, permitindo que o usuário se transforme em um ator virtual ao escolher determinado disfarce. Como personagem, ele navega então por um cenário tridimensional onde pode conversar com outros participantes também transformados.

O mais antigo e popular tipo de chat é feito por meio de mensagens digitadas que são transmitidas rapidamente pela Internet e aparecem na tela do monitor do computador de cada pessoa que está participando da conversa. O tipo mais moderno de chat é o multimídia, cuja comunicação se faz por imagem e som, exigindo portanto equipamento específico, como placas de som e de vídeo, alto-falantes, microfone e câmera de vídeo.

A conversação no IRC tem motivos práticos, como estar em contato com amigos e parentes distantes, a um custo significativamente menor do que as tarifas telefônicas interurbanas e internacionais, ou mesmo fazer novas amizades em todo o mundo. No aspecto educativo, os chats facilitam o contato entre colegas de escola para trocar idéias sobre trabalhos e pesquisas escolares, como também para adquirir novos conhecimentos e atualizar-se em assuntos abordados nos canais de discussão.

Batendo papo na Internet

Antes de conectar-se a um chat, o usuário precisa escolher um pseudônimo ou apelido, conhecido como *nickname*, e informar seu nome e endereço eletrônico. A maioria dos servidores de IRC não permite a conexão se não for fornecido um endereço de correio eletrônico válido.

Todos os comandos do IRC começam com o caractere /. Qualquer coisa que seja digitada é imediatamente enviada às outras pessoas assim que se pressione a tecla Enter. Existem diversos outros comandos no IRC, destacando-se entre os mais comuns:

`/help`	menu de ajuda para os comandos do IRC
`/list -publi`	lista todos os canais públicos disponíveis
`/join #channel`	entra na conversação de dado canal
`/join 0`	sai do canal de discussão
`/nick new nickname`	muda seu pseudônimo
`/msg nickname txt`	manda uma mensagem para um usuário de seu canal
`/who # channel`	lista todos os participantes de determinado canal
`/whois nickname`	mostra a verdadeira identidade (nome) de um usuário

Os usuários devem comportar-se de maneira apropriada quando estão conversando com outras pessoas, sob o risco de serem desconectados ou até mesmo banidos para sempre do servidor do IRC. Entre as regras básicas, destacam-se: ser conciso; não utilizar acentos ou "ç", pois as palavras podem chegar truncadas; não escrever em letras maiúsculas, que dão a impressão de estar gritando; tomar cuidado com a interpretação das mensagens, que podem ser vistas como ironia pelos outros participantes. Os *emoticons*, verdadeiros ícones das emoções, permitem a expressão de sentimentos e emoções nas conversas, sem maiores problemas (ver Quadro 3).

É necessário evitar o envio de muito texto a um canal, uma vez que alguns programas de chat possuem controles internos para restringir a quantidade de informação que pode ser transmitida. Como pessoas de diferentes países usam o IRC, alguns canais podem estar em língua diferente do usuário. Caso queira discutir o mesmo tópico em sua própria língua, o usuário deve criar um novo canal para as pessoas que usam o mesmo idioma.

O IRC oferece muitos canais e cada um deles enfoca um tópico específico, que às vezes pode estar indicado em seu próprio nome. Caso o usuário tente acessar um canal não existente, o IRC pode criar outro canal e fazê-lo seu operador enquanto estiver conectado. O operador cumpre a função de controlar quem pode apreciar o canal, aparecendo em seu pseudônimo o símbolo @. Alguns canais são permanentemente operados por programas específicos, sem a presença humana.

Quadro 3 Emoticons ou smileys para mostrar emoções na Internet

Emoticons	Significado	Emoticons	Significado
:-	Sou homem	:^)	Nariz arrebitado
-	Sou mulher	:C ou :-C	Muita tristeza
:) ou :-)	Felicidade, sorriso	:') ou :'-)	Chorando de felicidade
:(ou :-(	Raiva ou tristeza	:P ou :-P	Mostrando a língua
:'(ou :'-(	Chorando	;) ou ;-)	Piscando o olho
:$ ou :-$	Incerteza	:-X	Boca fechada (para guardar segredo)
:e ou :-e	Desapontamento	:* ou :-*	Mandando um beijo
:0 ou :-0	Espanto, assombro	:9 ou :-9	Lambendo os beiços
8 ou 8-	Apreensão	%-	Trabalhei a noite toda
$) ou $-)	Yuppie	:*)	Bebi um pouco
!(ou !-(	Caolho	%*)	Bebi mais ainda
O-)	Faço pesca submarina	#-)	Bebi todas
:-6	Comida horrível	:@	Seu porco!
:|	Hum, sem graça	3:0	Sua vaca!
:>)	Narigudo	:! Ou :-!	Fumando um cigarro
=:-	Sou punk	:7 ou :-7	Fumando um cachimbo
:D ou :-D	Gargalhando	8-)	Uso óculos

72

O nome do chat também indica restrições de acesso. O símbolo # na frente do nome significa que o canal está disponível para pessoas em todo o mundo. Já o símbolo & no nome informa que o canal é acessível apenas às pessoas que usam servidor de IRC ao qual se está conectado.

A World Wide Web possui também canais de chat, que podem ser acessados pelo browser da Web. O chat é o campeão de audiência do portal UOL (http://www.uol.com.br/chat), que tem 2.176 salas de bate-papo com 67.900 lugares disponíveis, recebendo 400 mil visitas diárias e horário de pico entre 11 horas da noite e duas horas da madrugada, quando o preço da ligação é mais baixo. O portal Terra (http://www.terra.com.br/chat), por sua vez, tem 800 salas de chat com 32 mil lugares disponíveis, recebendo 260 mil visitas por dia e a maior freqüência entre 11 horas da noite e uma hora da madrugada.

Como funciona o FTP

O File Transfer Protocol permite a busca de arquivos armazenados em computadores de todo o mundo e a cópia dos que forem de interesse. Ele pode ser entendido como um protocolo padrão de transferência de arquivos usado na Internet ou então um programa que usa esse protocolo.

O site FTP é o computador que armazena os arquivos, geralmente mantidos por universidades, agências governamentais, centros de pesquisa, empresas e mesmo pessoas. Alguns sites são privados e requerem o emprego de uma senha antes de acessar qualquer arquivo. Outros, denominados FTP anônimos, permitem o livre acesso aos arquivos, que podem ser copiados sem o pagamento de nenhuma taxa.

Os softwares mais antigos de transferência de arquivos exigiam o conhecimento e o domínio de alguns comandos para estabelecer e conduzir uma sessão de FTP. Hoje, o FTP é tão fácil de usar quanto um telefone. Basta o usuário digitar no browser da Web instalado em seu computador o endereço na Internet de um servidor FTP que será prontamente estabelecida a conexão. Após fornecer seu nome de usuário e a senha, quando solicitados, o navegante seleciona e copia os arquivos desejados com uns poucos cliques de mouse.

Ferramentas para o FTP

O Archie, uma das ferramentas para o FTP, possibilita acessar centenas de base de dados em todo o mundo para buscar arquivos que contenham a informação procurada. Na verdade, basta apenas informar determinado nome do arquivo ou arquivos que tenham determinada cadeia de caracteres em seus nomes. O Archie pesquisa uma lista de arquivos que atendem à descrição e, em seguida, envia a relação para o usuário, podendo aqueles de interesse ser recuperados com o FTP.

Cada arquivo armazenado em um site FTP possui um nome para descrever seu conteúdo e uma extensão para identificar o tipo do arquivo. Os principais tipos de arquivo disponível são os de texto, imagens, sons, vídeo e softwares, sendo estes fornecidos no regime de domínio público, freeware e shareware.

Os programas de domínio público são totalmente gratuitos e não têm nenhuma restrição para serem modificados e distribuídos. Os freewares também são gratuitos, mas seus autores impõem algumas regras para sua mudança ou distribuição. Os programas em shareware são fornecidos sem custo para uso por determinado período de tempo, em geral para serem experimentados e avaliados. Caso se pretenda continuar usando o shareware, é necessário pagar a seu autor.

Em virtude da quantidade de dados ou de determinado programa ser formado por um grande número de arquivos, eles podem estar armazenados nos sites FTP em arquivos compactados para ocupar menor espaço e ser transmitidos mais rapidamente pela Internet. As extensões mais comuns de arquivos compactados são .arc, .arj e .zip.

Podem ainda existir arquivos que forneçam um índice ou catálogo do material existente em um site FTP, designados pela extensão "readme" ou "index". Para melhor organização, os arquivos estão dispostos em diferentes diretórios e subdiretórios.

Quadro 4 Extensões de arquivos mais comuns

Tipos de arquivos	Extensões
Arquivo de texto	.asc, .doc, .htm, .html, .msg, .txt, .wpd
Arquivo de imagens	.bmp, .eps, .gif, .jpg, .tif, .tiff
Arquivo de sons	.au, .ra, .snd, .wav, .aiff
Arquivo de vídeo	.avi, .mov, .mpg, .mpeg
Arquivo de hipertexto	.htm, .html
Softwares	.bat, .com, .exe
Compactados	.arc, .arj, .zip, .gz

Os sites FTP[1] atendem a um número limitado de pessoas ao mesmo tempo, o que causa problemas de tráfego geralmente acusados pelas mensagens de erro ao se tentar a conexão. O mais recomendado é conectar-se fora do horário comercial e nos fins de semana. Alguns sites populares utilizam o recurso do site espelho (*mirror*), o qual armazena a mesma informação do original e tem a vantagem de ser menos ocupado.

Como funciona o Telnet

Telnet é um protocolo de emulação de terminal que faz parte do conjunto TCP/IP destinado a login remoto pela Internet. Em outras palavras, Telnet é um programa que oferece um método de tornar

---

1. Os sites FTP são uma das fontes de arquivos com vírus, programas que quando executados no computador causam danos quase sempre irrecuperáveis. Seus usuários devem tomar precauções como fazer cópias de segurança dos arquivos do seu computador e sempre verificar a existência de vírus nos arquivos copiados de um site FTP.

o computador do usuário um terminal, possibilitando interagir com qualquer computador compatível na Internet.

O programa permite usar outro computador, normalmente em lugar muito distante, para tarefas e atividades como executar programas, participar de sessões de chat, jogar, enviar e receber arquivos. Na maioria dos casos, o sistema Telnet pede o nome de usuário (*user ID*) e uma senha (*password*). Por convenção digita-se a palavra "anonymous", como nome de usuário, e o endereço de correio eletrônico, como senha.

Usos do IRC, do FTP e do Telnet com propósitos de Relações Públicas

Em geral, as conversações nos canais de chat têm um compromisso maior com o lazer e o passatempo do que com a informação, sendo ainda de natureza muito pessoal, o que torna o IRC de uso bastante limitado para o profissional de Relações Públicas.

Existem algumas poucas situações em que as áreas de chat podem ser uma ferramenta útil para as relações públicas. Uma delas consiste em promover eventos interativos como uma entrevista com o presidente da empresa, em que ele pode conversar em tempo real com repórteres de todo o mundo, respondendo a perguntas e discutindo questões relevantes. Mas todo profissional de Relações Públicas sabe que são reduzidas as oportunidades que justificam uma entrevista coletiva, além disso bastante espaçadas entre si.

Nos serviços on-line que oferecem chats moderados sobre tópicos específicos, a companhia pode tentar a indicação de um de seus especialistas para participar da conversa e prestar informações sobre o assunto às pessoas interessadas. Entretanto, eventos desse tipo, por IRC ou por aplicações de chat hospedadas em sites da Web, só atingem com sucesso propósitos de Relações Públicas se forem previamente destinados e dirigidos a pequenos públicos de interesse, pois a audiência tende a ser bem pequena.

Já o FTP, como vimos, facilita a transferência de um computador para outro dos mais variados arquivos – textos, planilhas, bancos de dados, videoclipes, animações, ilustrações e fotos –, permitindo assim que o profissional de Relações Públicas disponha de um recurso ágil e prático para dinamizar os fluxos de comunicação com os diferentes públicos da empresa.

Os sites FTP podem, por exemplo, dar acesso a arquivos com documentos que informem ou esclareçam a respeito de determinada posição da organização em face de políticas de comercialização ou questões ambientais. Empresas de previdência podem colocar à disposição de seus clientes planilhas que calculem o volume mensal de investimento necessário para garantir ao associado, no final de "x" anos, uma aposentadoria tranquila. Ainda podem ser distribuídos softwares de jogos e de animações especialmente desenvolvidos para reforçar a identidade da marca corporativa ou da marca de produtos e serviços.

Os repórteres e editores podem baixar do site FTP da companhia imagens de boa qualidade gráfica para ilustrar suas publicações. Caso precisem de fotos de embalagens e dos produtos comercializados pela empresa, o site FTP está disponível a qualquer momento para acesso e download dos arquivos.

Por sua vez, embora possibilite o acesso remoto a centenas de serviços na Internet, o Telnet é mais indicado para consultas a grandes bases de dados e bibliotecas que são repositórios de informação sobre a maioria dos assuntos.

7 World Wide Web

Espaço dominado inicialmente por aplicações como correio eletrônico, FTP, newsgroup e IRC, a Internet tem agora na Web seu principal atrativo. Este capítulo descreve, em linhas gerais, o funcionamento da parte multimídia da rede mundial e a forma de acesso aos sites de órgãos do governo, centros de pesquisa, universidades, empresas comerciais e mesmo de profissionais liberais e pessoas físicas.

No final são enumerados os usos da Web como ferramenta de grande influência e utilidade para ajudar o profissional de Relações Públicas na comunicação e na administração dos relacionamentos com os diversos públicos de organizações e de empresas.

Como funciona a Web

Também conhecida como Web, WWW ou W3, a World Wide Web é um conjunto de documentos multimídia armazenados em computadores de todo o mundo. Os documentos da Web utilizam a Hypertext Markup Language (HTML), linguagem padrão para escrever páginas de documentos Web, que contenham informação nos mais variados formatos: texto, som, imagens e animação. Fácil de aprender e usar, a HTML possibilita preparar documentos em hipertexto, com links para deslocar-se no próprio documento ou dirigir-se para outros documentos e sites.

Hypertext Transport Protocol (HTTP) é o protocolo que define como dois programas/servidores devem interagir, de maneira que transfiram entre si comandos ou informação relativos ao WWW. Ele possibilita aos autores de hipertextos incluir comandos que permitam saltos para recursos e outros documentos disponíveis em sistemas remotos, de forma transparente para o usuário.

Browsers e recursos adicionais

World Wide Web consiste em um grupo de servidores na rede que estão programados para oferecer a informação procurada por intermédio de browsers. Tipicamente, browser é o programa em um computador pessoal que acessa, por meio de uma linha telefônica, um servidor (isto é, um programa que atende à demanda de clientes remotos) com informações de interesse amplo, nele permitindo visualizar e procurar texto, imagens, gráficos e sons, de maneira aleatória ou sistemática. Netscape e Microsoft Internet Explorer são os browsers[1] Web mais populares e fáceis de ser usados.

Os browsers possuem extensões denominadas *plug-ins*, que são programas especiais criados para mostrar certos tipos de arquivo da Web e oferecer recursos adicionais de multimídia. Muitos plug-ins podem ser copiados gratuitamente e passam a funcionar integrados com o browser, permitindo ouvir música de fundo, assistir a vídeos e animações, escutar efeitos de som.

Ambientes em três dimensões são modelados e mesmo objetos tridimensionais podem ser visualizados de qualquer ângulo com a Virtual Reality Modelling Language (VRML). Ela pode ser aplicada no entretenimento, criando cidades virtuais e jogos tridimensionais para competir com outras pessoas na Web. Na demonstração de pro-

---

1. A nova tendência dos programas e sistemas em criação nas empresas e corporações é ter os browsers como sua principal forma de acesso. As grandes empresas de software desenvolvem interfaces Web para suas aplicações com o objetivo de permitir a capacidade de executar toda e qualquer função por meio de navegadores. Com isso, os softwares de navegação devem transformar-se em programas cada vez mais complexos e oferecer aos usuários uma ampla variedade de recursos para acesso à quase totalidade das informações e dos serviços proporcionados pela rede mundial.

dutos, a riqueza de detalhes é maior com o recurso de poder andar em torno do produto. No treinamento, a VRML permite fornecer aos técnicos de manutenção as mais detalhadas instruções de como montar ou desmontar determinado componente eletrônico.

Outro recurso é a linguagem de programação Java, cujos programas são chamados de *applets*, permitindo criar páginas na Web interativas e com animação. Os applets são armazenados em um servidor da Web e transferidos para o computador do usuário assim que ele acesse uma página com o programa. Os applets rodam então para mostrar textos com movimentos, pequenas animações e até para permitir a conversa e jogos entre as pessoas.

Estrutura de um Uniform Resource Locator (URL)

A maioria dos sites da Web é mantida por centros de pesquisa, universidades, empresas comerciais, governos e mesmo particulares. O servidor Web é o computador conectado com a Internet que torna disponíveis ao usuário as páginas Web. Uma página corresponde a uma estrutura individual de conteúdo na World Wide Web, definida por apenas um arquivo HTML e referenciada por um endereço único.

O endereço único de cada página Web é chamado Uniform Resource Locator (URL), localizador que permite achar qualquer informação ou acessar um serviço na Web. Por sua vez, home page é a página principal de um site, o ponto de partida para a procura de informação na Web.

O URL pretende uniformizar a maneira de designar a localização de determinado tipo de informação na Internet, seja ele obtido por HTTP, FTP, Gopher etc.

http://www.uol.com.br/internet/fvm/url.htm

Cada parte do endereço da Universo OnLine tem um significado. http:// indica o método utilizado para buscar páginas na Web. Outras formas encontradas são ftp://, para entrar em servidores de FTP, `mailto:`, para enviar mensagens, e `news:`, para acessar grupos de discussão.

`www.uol.com.br` é o nome do computador onde a informação está armazenada, também chamado de servidor ou site. Pelo nome do computador é possível identificar o tipo de informação que será encontrada (os que começam com a sigla www são servidores da Web e contêm principalmente páginas de hipertexto), a natureza da organização (comercial neste caso) e o país onde está localizada (ver Quadro 5).

Quadro 5 Códigos identificadores de alguns países

Sigla	Usada por	Sigla	Usada por
aq	Antártida	gr	Grécia
ar	Argentina	id	Indonésia
au	Austrália	il	Israel
aw	Aruba	it	Itália
be	Bélgica	jp	Japão
bo	Bolívia	mx	México
br	Brasil	nl	Holanda
ca	Canadá	pt	Portugal
ch	Suíça	py	Paraguai
cl	Chile	uk	Reino Unido
cn	China	uy	Uruguai
de	Alemanha	va	Vaticano
es	Espanha	ve	Venezuela
fr	França	za	África do Sul

/internet/fvm/ é o diretório onde está o arquivo, que nos servidores são também guardados em diretórios e subdiretórios. url.htm é o nome do arquivo que será trazido e exibido na tela do monitor do computador. A terminação (ou extensão) do nome do arquivo, htm, indica um documento em hipertexto.

Nomes de domínio no Brasil

O crescimento da Internet no Brasil criou diferentes necessidades e exigiu o desenvolvimento de novos recursos. Entre eles, a expansão de domínios aprovada pelo Comitê Gestor da Internet no Brasil,[2] que levou a Fundação de Amparo à Pesquisa do Estado de São Paulo (Fapesp) a implantar, em 1998, um sistema de gerenciamento para o registro de domínios no país.

Além dos atuais domínios de primeiro nível já conhecidos, outros estão disponíveis. Os domínios de primeiro nível válidos para o registro de nomes de domínio na Internet brasileira, sob o domínio .br, agora estão dispostos em três grupos: de pessoas jurídicas, de profissionais liberais e de pessoas físicas (ver Tabela 2).

O domínio de primeiro nível, também conhecido como Top Level Domain (TLD), existe hoje em duas categorias. A primeira é formada pelos Generic Top Level Domain (gTLD), como .com para designar instituições comerciais, .net para as máquinas de organizações com atividades ligadas ao ambiente da rede e .org para organizações sem fins lucrativos.

---

2. Em 31 de maio de 1995, o Ministério das Comunicações e o Ministério da Ciência e Tecnologia constituíram o Comitê Gestor da Internet no Brasil, com os objetivos de assegurar a qualidade e a eficiência dos serviços ofertados, a justa e livre competição entre provedores, e a manutenção de padrões de conduta de usuários e provedores. Pela Resolução nº 002, de 15 de abril de 1998, o Comitê Gestor da Internet no Brasil transferiu sua atribuição institucional de coordenar a atribuição de endereços Internet Protocol, (IP) bem como a manutenção de suas respectivas bases de dados na rede eletrônica, para a Fundação de Amparo à Pesquisa do Estado de São Paulo (Fapesp), em todo o território nacional.

Tabela 2 Tipos e número de nomes de domínio no Brasil (em 13/6/2002)

Tipo	Usado por	Quantidade
\multicolumn{3}{c}{Categorias para Instituições}		
AGR.BR	Empresas agrícolas, fazendas	131
AM.BR	Empresas de radiodifusão sonora em AM, licenciadas pelo Ministério das Comunicações	54
ART.BR	Artes: música, pintura, folclore	888
BR	Entidades de pesquisa e/ou ensino superior	1.402
COM.BR	Comércio em geral	386.147
COOP.BR	Cooperativas	84
EDU.BR	Entidades de ensino superior	348
ESP.BR	Esporte em geral	284
FAR.BR	Farmácias e drogarias	111
FM.BR	Empresas de radiodifusão sonora em FM, licenciadas pelo Ministério das Comunicações	95
G12.BR	Entidades de ensino fundamental e médio	502
GOV.BR	Entidades do governo federal	716
IMB.BR	Imobiliárias	239
IND.BR	Indústrias	2.956
INF.BR	Meios de informação (rádios, jornais, bibliotecas etc.)	1.165
MIL.BR	Forças Armadas Brasileiras	14
NET.BR	Exclusivamente para provedores de meios físicos de comunicação, habilitados legalmente para a prestação de serviços públicos de telecomunicações	299

Tipo	Usado por	Quantidade
ORG.BR	Entidades não-governamentais sem fins lucrativos	10.229
PSI.BR	Provedores de serviço Internet	250
REC.BR	Atividades de entretenimento, diversão, jogos etc.	83
SRV.BR	Empresas prestadoras de serviços	1.162
TMP.BR	Eventos temporários, como feiras e exposições	19
TUR.BR	Entidades na área de turismo	1.044
TV.BR	Empresas de radiodifusão de sons e imagens, licenciadas pelo Ministério das Comunicações	110
ETC.BR	Entidades que não se enquadram nas outras categorias	257

Categorias para Profissionais Liberais

ADM.BR	Administradores	452
ADV.BR	Advogados	2.261
ARQ.BR	Arquitetos	495
ATO.BR	Atores	34
BIO.BR	Biólogos	76
BMD.BR	Biomédicos	2
CIM.BR	Corretores	167
CNG.BR	Cenógrafos	7
CNT.BR	Contadores	278
ECN.BR	Economistas	79
ENG.BR	Engenheiros	1.052
ETI.BR	Especialista em Tecnologia da Informação	974
FND.BR	Fonoaudiólogos	19

Tipo	Usado por	Quantidade
FOT.BR	Fotógrafos	179
FST.BR	Fisioterapeutas	37
GGF.BR	Geógrafos	3
JOR.BR	Jornalistas	246
LEL.BR	Leiloeiros	74
MAT.BR	Matemáticos e estatísticos	30
MED.BR	Médicos	1.172
MUS.BR	Músicos	222
NOT.BR	Notários	42
NTR.BR	Nutricionistas	22
ODO.BR	Dentistas	409
PPG.BR	Publicitários e profissionais da área de Propaganda e Marketing	349
PRO.BR	Professores	742
PSC.BR	Psicólogos	202
QSL.BR	Rádio amadores	21
SLG.BR	Sociólogos	9
TRD.BR	Tradutores	47
VET.BR	Veterinários	117
ZLG.BR	Zoólogos	4
	Categorias para Pessoas Físicas	
NOM.BR	Pessoas físicas	1.908
	Total Geral	420.320

Fonte: Comitê Gestor da Internet no Brasil.

Fora dos Estados Unidos, as terminações vêm sempre acompanhadas da designação do país de origem, que, no caso do Brasil, é o .br. Surge, assim, a segunda categoria de domínios de primeiro nível, o Country Code Top Level Domain (ccTLD), com a designação identificando o país de origem das máquinas.

No Brasil, entre as principais restrições para o registro de nomes de domínio está o fato de uma instituição poder registrar no máximo dez nomes utilizando um único CGC. No caso da existência de filiais, a instituição tem direito, além dos dez registros correspondentes à matriz, a tantos grupos de até dez registros quantas sejam as filiais possuidoras de seus respectivos CGCs. Já a eventual criação e o gerenciamento de novas divisões e novos subdomínios sob o nome de domínio registrado são da inteira responsabilidade do seu titular.

Escolha do nome

A Fapesp facilitou o processo de registro de nomes de domínios brasileiros, que pode ser feito on-line no endereço http://registro.br, com o recolhimento de uma taxa fixada em R$ 40 para registro e uma taxa anual, no mesmo valor, a título de manutenção. O princípio geral estabelecido é que o direito ao nome de domínio será conferido ao primeiro requerente que satisfizer, por ocasião do requerimento, as exigências para registro do nome.

Alguns critérios norteiam a escolha dos nomes de domínio. O nome proposto pela empresa para registro deve ter um cumprimento mínimo de dois caracteres e máximo de 26 caracteres. É permitida a combinação de letras e números, não podendo ser apenas numérico. Como letras entende-se exclusivamente o conjunto de caracteres de **a** a **z**, e um único caractere especial, o hífen (-).

O Comitê Gestor ainda recomenda que os nomes de marcas e produtos não sejam registrados diretamente sob um domínio de primeiro nível, mas figurem como um subdomínio sob o domínio principal da empresa. Assim, a empresa ABC Ltda., que fabrica os produtos X, Y e Z, deve registrar apenas o nome de sua razão social sob o domínio com.br (abc.com.br), criando por ela mesma subdomínios para seus produtos ou marcas (por exemplo, produtoX. abc.com.br, produtoY.abc.com.br e produtoZ.abc.com.br).

Os nomes considerados não registráveis são, entre outros, palavras de baixo calão, os que pertençam a nomes reservados por representarem conceitos predefinidos na rede (caso do nome "internet" em si) e os que possam induzir terceiros a erros, como siglas de estados, ministérios etc., além de nomes que representem marcas de alto renome ou notoriamente conhecidas, quando não requeridas pelo respectivo titular.

Usos da Web com propósitos de Relações Públicas

A World Wide Web abriu a Internet para o resto do mundo e, por sua natureza, é uma ferramenta muito influente e de grande utilidade para a execução de todas as funções e atividades de relações públicas. A Web pode melhorar bastante o desempenho da organização na implementação de estratégias de comunicação e na administração do relacionamento da companhia com seus diversos públicos.

A tecnologia atual permite ao usuário participar de atividades e executar uma série de ações dentro do próprio site, como assistir a animações, ouvir arquivos de áudio, participar das conversações mantidas nos fóruns de discussão baseados na Web, completar formulários e submeter dados. Além dessas capacidades técnicas, Holtz (1999: 54-5) identifica outras grandes vantagens da Web, em especial para as organizações que queiram estabelecer uma comunicação efetiva com seus públicos.

É rápida. Assim que você tem uma nova informação, ela pode ser divulgada. Não há espera; ao contrário, logo que a informação fica disponível ela estará no site esperando por aqueles que a procuram.

Não tem limitações de espaço. Quando você produz um impresso é preciso limitar o tamanho por várias razões (o custo de impressão e de distribuição do material, além da possibilidade de que alguns membros das variadas audiências da empresa leiam uma porção de detalhes que podem não ser de interesse para eles). Na Web, você pode colocar a informação básica na home page e providenciar links para os locais onde serão encontrados maiores detalhes, permitindo que os visitantes do site possam selecionar a informação que desejam e descartar o resto. Como o espaço para colocar esta informação é pequeno, você pode armazenar quanta informação quiser. Assim, quanto mais informação você armazenar, maior a probabilidade de suas audiências estarem capacitadas a encontrar pelo que estão procurando (naturalmente, desde que você disponibilize ferramentas de navegação que eles possam usar para encontrar a informação rapidamente).

Permite atender ao caráter não-linear da comunicação. Uma página principal típica de um site da Web pode ser planejada e desenhada para ajudar o navegante a puxar a informação de que ele precisa. A home page pode ter chamadas para duas ou três notícias recentes, as cotações das ações da companhia, uma sala de imprensa (com arquivos de discursos, press releases e newsletters) e os links para as diferentes categorias de informação (a empresa, os produtos, serviços, a informação aos investidores etc.). [...] Um visitante pode provavelmente achar em poucos minutos a informação que esteja procurando pela seleção do link que mais preencha às suas necessidades.

Oferece a oportunidade de estabelecer a comunicação e o marketing one-to-one. O marketing one-to-one é a antítese da mídia de massa, onde nós saturamos determinada audiência com a mesma mensagem, sem considerar as experiências, os interesses e as necessidades individuais dos seus membros. A Web permite coletar informação das pessoas que visitam o site por meio de formulários que podem ser preenchidos on-line. Baseado na informação obtida de uma pessoa, você pode começar a ajustar a informação a ele destinada no seu site ou por outros meios, como o correio eletrônico. Quanto maior o engajamento com o indivíduo, mais você pode refinar seu relacionamento com ele, para assegurar que ele receba *exatamente* o que quer. Considere, por exemplo, um consultor de investimentos que esteja particularmente interessado em um aspecto de suas operações. Você pode fazer com que ele receba periodicamente dados atualizados sobre aquele aspecto, além das demais informações relacionadas com investimentos.

A pesquisa e a avaliação da opinião pública, outra atividade básica de relações públicas, são de grande importância para subsidiar planos e estratégias de sucesso. Como as pesquisas constituem uma das maneiras para avaliar a opinião pública, apesar de muitas vezes apresentarem alto custo, o site pode convidar os visitantes a responder a algumas perguntas simples de um survey. A participação do navegante pode ser encorajada por um incentivo, como a oferta de um brinde ou de uma doação à entidade assistencial indicada pelo respondente.

A presença de um site na Web ainda pode ajudar a organização a atingir os objetivos que sejam determinados em seus programas de relações públicas para cada um de seus públicos. Os próximos capítulos examinam e discutem a fundo as estratégias que podem ser adotadas no site da Web da empresa para desenvolver e implementar ações de relações públicas que tenham propósitos de atingir audiências específicas, sobretudo a mídia, os empregados, os consumidores, os investidores e acionistas, a comunidade, o governo e os legisladores.

8 Marcando Presença da Organização na Web

A World Wide Web guarda estreita relação com novas e promissoras tecnologias e demonstra que será uma grande força no mundo da comunicação. Por isso muitas empresas, dos mais variados tamanhos, querem aproveitar a oportunidade e marcar desde já sua presença no novo meio para serem depois identificadas como uma das companhias que ajudaram a Web a crescer.

Após apontar outras razões que levam as empresas a estar presentes na Internet, este capítulo aborda os principais procedimentos para a estruturação de um site institucional na Web e sugere formas de registro e divulgação para que as companhias sejam vistas e se destaquem no ciberespaço.

Critérios para decidir a implementação do site

O dilema que todas as empresas enfrentam nos dias atuais está relacionado com a sua presença ativa na Internet. O instituto de pesquisa norte-americano Forrester Research (em Martins, 1996) desenvolveu um modelo econômico da rede mundial para ajudar no difícil processo de decisão. No centro desse modelo, afetados diretamente pelo surgimento da Internet, estão os quatro grandes setores que precisam investir já e pesado em participação na rede: os serviços financeiros, o comércio atacadista e varejista, os produtores da infra-estrutura computacional e os geradores de informação capaz de transitar pela Web.

Para as companhias que se encontram fora desse núcleo central é sugerido um teste de perguntas e respostas: A empresa vende a consumidores de alta renda? Ela vende às grandes corporações? A empresa tem suas ações na bolsa de valores? Seus produtos são ricos em informação? A organização expandiu-se geograficamente? Caso a resposta seja afirmativa a quatro dessas perguntas, o instituto assegura que a empresa deve obrigatoriamente estar na Internet, restando apenas definir o grau de prioridade da sua participação.

Razões para a presença da empresa na Web

O propósito que norteia a criação de um site tem de ser claramente definido e estabelecido pela organização desde o princípio para economizar tempo e dinheiro. Exatamente para que servirá o site? Quais são os seus objetivos a curto, médio e longo prazo?

De qualquer maneira, o site nunca deve ser desenvolvido sob a justificativa muito comum de que todas as demais empresas estão marcando presença na Internet. É preciso estabelecer um foco mais preciso e fugir do risco de criar um site desprovido de conteúdo, improvisado e, naturalmente, pouco eficiente.

As empresas podem ter diversas razões para criar seu próprio site na Web. As mais freqüentes são:

- oferecer informações detalhadas e atualizadas da empresa;
- criar o conhecimento dos produtos e serviços da empresa;
- gerar mailing lists dos prospects da empresa;
- aumentar os lucros da empresa pelas vendas dos produtos e serviços na rede;
- criar um novo canal de venda para os produtos e serviços da empresa;
- distribuir os produtos e serviços da empresa de modo mais rápido e mais flexível;
- aumentar o interesse do público para seus produtos e serviços e despertar a atenção dos formadores de opinião: imprensa, outras empresas, instituições e mesmo pessoas;

- posicionar a empresa de forma estratégica como organização de alta tecnologia e firmar uma imagem empresarial intimamente associada a tudo o que a Web representa;
- oferecer serviços ao consumidor;
- abrir um novo canal de comunicação interativo com o consumidor;
- reduzir custos de venda, distribuição e promoção;
- desenvolver conexões com empresas e pessoas que possam influenciar o sucesso de seus negócios;
- encontrar novos parceiros em todo o mundo.

É importante assegurar-se de que os propósitos e objetivos do site sejam corretamente identificados e enunciados em uma única frase. Para isso deve-se levar em conta que o sucesso de um site em particular é determinado fundamentalmente por sua audiência.[1] Muitos sites, lançados sem prévio conhecimento das necessidades do público-alvo, acabam oferecendo apenas informações e serviços irrelevantes e causam inevitáveis prejuízos à imagem e à reputação da empresa.

Custos de desenvolvimento e manutenção dos sites

Depois de decidida a presença da organização na rede mundial, mais uma pergunta é inevitável e esperada: Quanto vai custar colocar e manter o site na Internet? No Brasil, a contratação de um consultor especializado que crie, ponha no ar e atualize periodicamente o site custa, no mínimo, em torno de US$ 2,5 mil a US$ 4 mil, mais um fee mensal entre US$ 500 e US$ 1 mil. Mesmo que se terceirize o serviço é importante que a organização tenha um endereço próprio

---

1. Em geral, Sherwin & Avila (1999: 9) reconhecem três tipos de audiência. A primeira audiência é formada pelo grupo ou público particular que se pretende influenciar. A segunda é composta pelas pessoas que podem ajudar a influenciar a primeira. A terceira audiência é constituída por grupos organizados, como as associações, que desfrutam de credibilidade para promover o endosso ou lutar pelas causas de uma empresa ou organização.

na Internet. Sem ele a localização da empresa na Web fica difícil e pode não atrair visitantes.

O patamar de custos das produtoras e agências digitais é bastante superior. A Thunderhouse, empresa independente que pertence à McCann-Erickson do Brasil, apresenta-se como uma agência digital, que executa planejamento, criação, pesquisa de mercado e pesquisa de mídia, entregando a outros toda a produção. Em sua carteira de clientes estão a Sony, a Hewlett Packard, a Bayer, a Nestlé, os Paralamas do Sucesso, a Kolynos, a Mastercard, a Tramontina e a Kibon, que pagaram pelos projetos preços variáveis entre US$ 40 mil e US$ 500 mil.

A companhia pode ainda preferir ter toda a operação dentro de casa, opção para a qual os especialistas calculam que, para cada dólar gasto na montagem da estrutura da Internet própria, são necessários mais 3 ou 4 dólares para mantê-la funcionando de maneira satisfatória. O custo de manutenção de cada um dos sites das 500 maiores empresas norte-americanas é estimado pelo International Data Corporation (IDC) em uma média de US$ 600 mil por ano.

Quadro 6 Principais ferramentas para criação e edição de páginas na Web

Produto	Fabricante	Idioma	Site do fabricante
Hotdog Webmaster Suite 5.5	Sausage	Inglês	http://www.sausage.com
GoLive 5	Adobe	Inglês	http://www.adobe.com
HoTMetaL Pro 6.0	SoftQuad	Inglês	http://www.softquad.com
FrontPage 2000	Microsoft	Português	http://www.microsoft.com/brasil
DreamWeaver MX	Macromedia	Inglês	http://www.macromedia.com.br

Com os atuais editores de HTML, a linguagem de formatação de documentos da Web, a criação de páginas está cada vez mais fácil. A maioria dos editores de páginas permite trabalhar como num processador de texto comum, bastando apenas aprender os conceitos básicos envolvidos na construção de uma página HTML e tomar o cuidado prévio de traçar o esboço da página numa folha de papel antes de montá-lo no computador.

Caso a escolha para o desenvolvimento do site seja por uma empresa especializada ou por um free-lance, no preço estarão incluídas variáveis como design, quantidade de páginas, tecnologias utilizadas, quantidade de imagens, número de links internos e externos. Muitas vezes o preço final é calculado com base no número de horas e profissionais mobilizados em sua confecção. Portanto, quanto maior o tempo, mais caro ficará o trabalho.

Enquanto um *free-lance* geralmente trabalha sozinho, uma produtora Web pode dispor de várias pessoas para a confecção de um site e, assim, cobrar bem mais. Um site de tamanho médio, entre 20 e 30 páginas, pode alocar uma equipe de quatro a seis profissionais: webmaster, redator, coordenador do projeto, coordenador de criação, atendente (Prado Júnior, 1998: 45-6). Ao mesmo tempo deve ser determinado o serviço de hospedagem das páginas, que implica uma taxa mensal de aluguel do espaço em disco, e providenciado o registro do domínio na Fapesp, com o pagamento das taxas devidas.

A operação e a manutenção do site constituem outro elemento gerador de custos, pois, dependendo da natureza de seus negócios, as informações sobre a empresa e seus produtos e serviços precisam ser sempre atualizadas. Nesse caso, o produtor Web pode ser encarregado das atualizações e das eventuais modificações em seu design e em sua estrutura. Caso o site não requeira constantes modificações, as atualizações podem ser feitas por um funcionário ou equipe do próprio cliente, depois de um treinamento dado pelo produtor Web.

Uma parte dos custos de operação dos grandes sites comerciais corresponde aos gastos com promoção. À medida que os sites proliferarem na Web, será mais difícil atrair visitantes para determinado site e, assim, a promoção deve consumir cada vez mais verbas.

Quadro 7 Composição de uma equipe de produção de grandes websites

Profissional	Função	Requisitos
Arquiteto de informação	Organizar o conteúdo, preparar estruturas de navegação, facilitar o acesso, organizar os links, fazer o mapa	Organização, objetividade, concisão
Diretor de criação	Criar o projeto gráfico de um website, coordenar o trabalho dos designers e dos fornecedores	Liderança, criatividade, coerência
Coordenador de projeto	Garantir que o projeto saia no prazo e dentro do orçamento estipulado, contatar fornecedores e pressioná-los	Dinamismo, paciência e boa agenda
Atendimento e marketing	Garantir que o projeto saia de acordo com a estratégia mercadológica determinada pelo cliente	Criatividade; planejamento estratégico; bons conhecimentos de administração de empresas, de mídia de massa, de marketing digital e do funcionamento de um website
Especialistas em conteúdo e consultores	Garantir a integridade/veracidade do conteúdo	Conhecimento específico e habilidade em traduzi-lo para um português simples, sem termos técnicos
Redatores e editores	Escrever os textos e garantir sua consistência, adequando-o ao público leitor	Criatividade, habilidade com textos, domínio de estruturas de hipertexto e arquitetura de informação

Profissional	Função	Requisitos
Designers de interface: assistentes de arte, webdesigners e diretores de arte	Criar interfaces e garantir sua qualidade e consistência	Criatividade, habilidade de ilustração, conhecimento de programas gráficos e de manipulação de imagens
Editores e equipe de mídia: som, vídeo e animação	Gerar vinhetas para seções especiais de websites ou até para sites inteiros	Conhecimento de técnicas de som e animação, conhecimento de software para gerar as vinhetas
Programadores e especialistas em Tecnologia	Programar as páginas HTML, criar rotinas JavaScript, relacionar o website com bancos de dados, fazer "ajuste fino" na programação	Pensamento lógico, raciocínio matemático e habilidade com linguagens de programação
Webmaster	Garantir que um website funcione sem problemas	Conhecimento da estrutura do website e domínio da programação
Testadores (*beta-testers*)	Revisar os processos para evitar erros (*bugs*)	Preocupação com detalhes, alta capacidade de concentração, conhecimento de várias plataformas
Relações públicas e assessores de imprensa	Garantir que o projeto seja conhecido e responder a todas as dúvidas dos usuários	Bom texto, ótimas relações com a imprensa, muita paciência e boa agenda

Fonte: Adaptado de Radfahrer, 1999: 165-77.

Arquitetura do site

Na World Wide Web existe ampla variedade de sites, dos mais simples aos mais sofisticados. Os primeiros podem consistir em uma página de texto sem links com hipertexto, sem gráficos e nenhuma interatividade. Já os mais sofisticados podem ter centenas (ou mesmo milhares) de páginas, muitos links com hipertexto, recursos de multimídia e aplicativos de acesso a banco de dados.

A arquitetura da informação é um dos fatores que determinam o sucesso ou o fracasso da presença da empresa na Web, pois a função dessa nova técnica é organizar a enorme quantidade de informação e deixar a navegação pelo site o mais intuitiva possível. "Da mesma forma que a arquitetura, no sentido tradicional do termo, organiza sua convivência no espaço físico, a arquitetura de informações organiza sua relação com informações, idéias e conceitos." (Siqueira, 2000: 26)

A organização da arquitetura de um site não obedece a um modelo predefinido, devendo o arquiteto da informação conduzir o processo com bom senso e grande conhecimento da Web.

Premissas para o desenvolvimento do site

A implantação do site da empresa na Web deve obedecer a duas premissas importantes: criar um site desenvolvido profissionalmente e adotar uma tecnologia atualizada (Shiva, 1997: 31-2).

Embora a primeira premissa possa ser considerada óbvia, várias empresas acreditam que um site na Web é a versão digital dos folhetos, manuais e catálogos impressos de divulgação de uma empresa. Nesse material, os gráficos, textos e as ilustrações procuram representar a organização e seus produtos da melhor maneira. O site contém então a mesma informação digitalizada e disposta para ser visualizada em uma tela de computador.

O crescente tráfego na Internet e os muitos milhares de empresas concorrentes exigem um trabalho profissional de criação. Um site de sucesso deve ainda conter os elementos apropriados e necessários para transmitir a imagem que a empresa tem trabalhado anos e anos para construir. Ellsworth & Ellsworth (1997: 189-90) identificaram as características comuns aos sites de sucesso:

O site é altamente visível. Ele está registrado nos principais mecanismos de busca e tem links com sites relacionados com as atividades de negócios da empresa. O endereço na Web figura em todas as peças promocionais, comerciais e institucionais da companhia.

O conteúdo está sempre atualizado. O site inclui novas páginas quando necessário e mantém atualizadas as mais antigas. Periodicamente o visual do site é renovado para oferecer sempre uma impressão de atualização e mesmo de novidade.

As páginas são ricas em informação. Informação é a matéria-prima básica do site e deve ser oferecida em qualidade e em quantidade que o internauta não possa absorver em uma única visita. O trabalho do arquiteto de informação começa assim que o conteúdo da página estiver sendo distribuído, observando uma regra muito simples: conteúdos mais importantes aparecem primeiro.

O site apresenta a empresa e conta aos visitantes sobre o site. Home page é a página de entrada no site e o cartão de visitas da empresa. Para deixar o visitante à vontade, a página principal deve ainda oferecer uma visão geral do site (sua estrutura e seus conteúdos).

As páginas têm elementos de ajuda para a navegação. Os elementos de navegação (como ícones e setas) têm de ser claros e intuitivos, permitindo que o usuário se movimente com facilidade pelo site.

As páginas não induzem o usuário a sair delas rapidamente. Os links para outros sites não figuram nas páginas de maneira proeminente, evitando ao máximo que eles possam encurtar o tempo de permanência do visitante.

O site pode ser visto com vários browsers. Os browsers de navegação apresentam resultados diferentes na visualização das páginas, sendo prudente testar o desempenho do site nos principais programas disponíveis.

Cada página é tratada como um ponto de partida. Dentro do site, cada página deve ser entendida como ponto de partida para a subseqüente e tratada nessa perspectiva.

O site tem um valor agregado real. Não se trata apenas de interesse comercial: os sites de sucesso oferecem serviços, conteúdo de qualidade e produtos.

Os gerenciadores do site são responsáveis. O site está sempre acessível aos internautas, sem a aborrecida e desagradável mensagem "URL não encontrada".

O site tem o suporte da empresa. A empresa tem de dar apoio ao site mediante orçamento próprio e pessoal de suporte.

O site é capaz de coligir informação. Dados sobre os visitantes são freqüentemente coletados por meio de concursos, testes e formulários de registro, permitindo saber quem são e conhecer melhor suas preferências e reações.

O site é um canal de marketing integrado com outros canais. O site deve estar integrado e sintonizado com os demais esforços de marketing da empresa.

O site é provido de outras ferramentas da Internet, como correio eletrônico e FTP. Estas ferramentas facilitam a interação dos visitantes com a empresa (e vice-versa, sobretudo no caso do correio eletrônico).

O site tem um bom design. O design deve facilitar a interatividade com as pessoas, transmitir uma imagem consistente da empresa e ser tecnologicamente compatível com os recursos de seus públicos-alvo.

A URL é fácil de lembrar. Nomes que combinam sinais como o til e letras maiúsculas e minúsculas são difíceis de guardar e confundem facilmente o usuário.

A segunda premissa a ser respeitada na criação de um site na Web está no uso correto e atualizado da tecnologia existente. Com as novas tecnologias em desenvolvimento, os sites da Web podem automaticamente modificar seu conteúdo e incorporar recursos avançados. Tais características e serviços podem tornar o site verdadeiramente interativo e, assim, fazer com que ele se sobressaia em relação aos demais. Mais e mais sites surgem a cada dia, tornando ainda maior a necessidade da criação de sites distinguíveis e diferenciados dos concorrentes.

Entretanto, Vassos (1997: 85) aponta que o uso intensivo de tecnologia de ponta pode criar um indesejável efeito colateral: a restrição ou limitação da audiência do site. Quanto mais nova for a tecnologia implementada, menor será a base instalada de usuários. Além disso, a tecnologia de ponta sempre exige computadores mais poderosos, aplicativos especializados, velocidade de comunicação e novos hardwares (como sofisticadas placas de vídeo e de som), o que também limita significativamente o tamanho da audiência.

Qualidades fundamentais do site

O processo global de planejamento de um site deve estar inspirado em duas qualidades fundamentais: a interatividade e a relevância do conteúdo. Interação é o grande diferencial da Internet e deve ser entendida como um processo que transfere o controle da comunicação de quem envia para quem recebe a mensagem. "O sujeito que navega na Internet é poderoso. Ao contrário do telespectador passivo sentado no sofá de casa, é ele quem estabelece o roteiro da visita que fará ao site do OMO, ou a qualquer outro" (Gurovitz & Lopes, 1997).

A interatividade implica também estabelecer o diálogo com o cliente. No site da Ford é possível agendar *test drives* nas revendedoras e conhecer os planos de financiamento e condições de pagamento na aquisição de veículos da montadora. Mas, talvez, o grande exemplo da eficácia da interatividade sejam os serviços interativos de home banking oferecidos por uma gama cada vez maior de bancos. Os clientes do Bradesco, por exemplo, podem verificar saldos, requisitar extratos e fazer transferências entre contas de sua casa.

A relevância do conteúdo disponível no site é a segunda qualidade diferenciadora da Internet. O ideal (e necessário) é que todo site de empresa ofereça alguma informação que possa ser percebida como um benefício pelo internauta. Por esse motivo, os sites mais visitados da rede são os que oferecem mecanismos de busca para localizar a informação na Web, e os provedores de conteúdo, que reúnem milhões de páginas de informação e de notícias acessadas diariamente por grande número de pessoas.

A World Wide Web tinha 1,5 bilhão de sites no início de 2000 e a cada dia ganha 2 milhões de novas páginas. Tanta competição na Web deve fazer a empresa substituir o tradicional conceito de concorrente como qualquer outro negócio que ofereça os mesmos produtos e serviços ou que possua o mesmo mercado-alvo. Agora, a companhia trava com *todos* os sites existentes no ciberespaço uma nova modalidade de concorrência, ou seja, a batalha pela atenção do internauta (Gahran, 2000).

Estrutura do site na Web

Home page é um elemento de grande importância na estrutura de um site. Assim como os comerciais na TV e os anúncios em revista e jornal brigam para chamar a atenção do leitor, a home page tem a tarefa de atrair, de imediato, o interesse do internauta. Uma pesquisa da Universidade de Minnesota revela que, se um site não capturar a atenção do visitante em oito segundos, ele foge e dificilmente terá outra oportunidade para voltar (Gurovitz & Lopes, 1997). Na Internet, portanto, o tempo é muito valioso para ser desperdiçado. Como a velocidade de conexão é um dos maiores problemas do ramo brasileiro da rede, é altamente aconselhável que a página principal não submeta o internauta a minutos torturantes de espera para ser baixada no browser. Um teste prático recomendado é experimentar acessar a home page em uma conexão de 28,8 Kbps ou 33,6 Kbps para sentir a velocidade da página, que não deve superar o tempo de dois minutos até ser carregada.

Tabela 3   Tempo de resposta dos computadores e a reação de seus operadores

Tempo de espera	Reação
0,1"	Máquina e cérebro no mesmo compasso. Sensação de reação instantânea.
1"	Limite para que o usuário desvie seu fluxo de atenção, mesmo que note o lapso.
2 a 3"	Aconselha-se mostrar ao usuário que ele deve esperar.
5"	Recomenda-se mostrar barra de progresso, apontando quanto falta para a conclusão.
10"	Limite para manter a atenção localizada. O usuário vai querer realizar outras tarefas.

Fonte: Radfahrer, 1999: 134.

Ponto de partida para a procura de informação – e mesmo considerada um verdadeiro cartão de visita –, a home page deve oferecer um índice para o conjunto de páginas que descrevem e apresentam informações sobre a empresa, seus produtos e serviços. Em sua estrutura existem diversas seções principais, que podem apresentar variações em função dos propósitos e objetivos do site, bem como da natureza da empresa e de seus produtos e serviços. As principais seções visualizadas na página principal são os dados gerais sobre a empresa, os produtos e serviços, o suporte técnico, o pedido de compra ou de informação, os serviços ao consumidor, as notícias e as novidades, o sistema de busca e o mapa do site.

Sobre a empresa. Nela podem figurar o histórico da organização, sua missão, filosofia de negócios etc. A empresa deve colocar-se para o consumidor evidenciando as qualidades que a tornam superior às demais concorrentes.

Produtos e serviços. Em geral com fotos e textos que descrevem as qualidades e os benefícios que seus produtos e serviços proporcionam ao consumidor. Evitando perder o atrativo, as linhas de produtos podem ser apresentadas como as páginas de um catálogo, com a vantagem de poder ser fácil e freqüentemente atualizadas.

Suporte técnico. Para algumas empresas é útil apresentar informações técnicas, especificações de produtos, diagramas e Frequently Asked Questions (FAQs), um documento com perguntas e respostas sobre determinado assunto, que pretende responder a dúvidas e perguntas mais freqüentes dos novos usuários.

Pedido de compra ou de informação. São formulários para compra ou solicitação de informações adicionais diretamente para a empresa, em geral enviada por correio eletrônico.

Serviços ao consumidor. Uma relação dos revendedores autorizados ou de firmas de assistência técnica para o produto, com seus respectivos endereços, é um serviço importante e de grande utilidade para os compradores. Algumas empresas e certos órgãos públicos começam a descobrir que a experiência acumulada ao longo dos anos com o Serviço de Atendimento ao Consumidor (SAC) pode tornar-se um excelente atrativo na Web. A fórmula é simples: uma vez implantado o Serviço de Atendimento on-line, a companhia desloca ou reduz a equipe encarregada de prestar informações via telefone convencional. Uma boa solução para resolver ou diminuir o congestionamento das centrais de atendimento telefônico, com muitos funcionários ocupados em resolver problemas corriqueiros, como a melhor data de compra para o cliente de um cartão de crédito, a composição de um iogurte, as dúvidas na instalação de um novo software.

Notícias e novidades. Contém notícias sobre a empresa e sobre assuntos relacionados com a sua atividade, de interesse para jornalistas, investidores, clientes e fornecedores, entre outros públicos. Para audiências mais gerais podem ser oferecidas até mesmo curiosidades relativas à organização, aos seus produtos e aos seus serviços, as quais podem motivar o posterior retorno do internauta ao site para atualização. Mesmo as peças de uma campanha publicitária em execução podem ser colocadas à disposição para maior divulgação aos revendedores e fornecedores da empresa.

Caso a seção tenha a mídia como alvo principal, ela deve deixar disponíveis releases, kits de imprensa e newsletters. A Web oferece uma ótima oportunidade para atrair a atenção e a cobertura da mídia, além de constituir um meio único para uma comunicação mais interativa. O press release publicado no site, por exemplo, vai apresentar em seu final o nome e o e-mail do seu redator ou do responsável para um contato com a empresa, podendo ter um link no endereço de correio eletrônico que permite maior interatividade na comunicação. Com um simples clique sobre o link, o repórter abre uma janela de correio eletrônico e manda um e-mail diretamente para o encarregado solicitando outras informações que sejam necessárias para a sua matéria.

Sistema de busca. Forma mais rápida de localizar qualquer informação e um serviço indispensável para sites com inúmeras páginas e informações variadas, o sistema de pesquisa deve ser inteligente para fazer buscas de diversos tipos e estar disponível logo na primeira página.

Mapa do site. A navegação é uma necessidade muitas vezes esquecida: se o site não tiver um sistema de navegação preciso e conciso, ele irá falhar miseravelmente. Mesmo o site dotado de um bom visual não será levado a sério caso o visitante não consiga navegar com sucesso por ele, sem ficar confuso ou se sentir perdido.

Um bom design de navegação deve prever uma lista das principais seções que possam ser alcançadas da home page ou de qualquer outra página. A medida mais importante para assegurar que o site tenha um bom sistema de navegação é criar um diagrama de fluxo, o denominado *mapa do site*, que mostra todas as seções principais e secundárias e como elas são ligadas com a home page e com as demais páginas. O mapa é um recurso bastante utilizado para mostrar ao visitante o roteiro que ele pode seguir pelo site e constitui, em si mesmo, mais uma ferramenta de comunicação com o navegante.

Elementos básicos das páginas secundárias

Os elementos básicos a serem incluídos em cada página secundária do site são o título, a imagem no topo da página, o fundo, os textos, a data de atualização, o endereço do site, os botões de retorno e de direção, os links e a assinatura.

Título da página. Disposto na parte superior, ele deve ser descritivo e utilizar palavras-chave que facilitem sua busca e identificação por mecanismos de busca.

Imagem no topo da página. Uma ilustração, o logotipo da empresa ou um simples grafismo no alto de cada página contribui para dotar as páginas Web de uma unidade gráfica.

Fundo da página. Embora vários sites da Web usem o branco como cor de fundo para melhorar a legibilidade, a aplicação de outra cor ou de texturas ajuda a unificar visualmente a página. A regra, porém, é evitar os fundos ladrilhados com texturas, que tornam a leitura mais trabalhosa, uma vez que alternam áreas claras e escuras. Também as cores muito vivas e luminosas sofrem restrições, pois elas potencializam o desconforto causado pela irradiação da tela do monitor.

Texto. Tipos de letra muito elaborados são de difícil leitura, sendo melhor adotar poucas fontes de tipo, de construção mais simples, para a composição do texto em todas as páginas. Por sua vez, os subtítulos têm de ser padronizados em relação ao tipo e ao tamanho de letra a ser utilizado.

Data de atualização. Sites onde são freqüentes as atualizações de conteúdo devem indicar obrigatoriamente a última data em que as informações foram renovadas. Entretanto, mesmo nos sites mais permanentes as páginas têm de estar datadas como uma referência ao internauta.

Endereço do site. A inclusão do endereço URL da empresa facilita o retorno ao site, o que pode acontecer no caso de a página ter sido impressa pelo visitante.

Botões de retorno e de direção. Nos sites de construção mais complexa é recomendável colocar botões, palavras ou pequenos símbolos que, uma vez clicados, permitam ao navegante pular para outra seção, voltar ao topo da página ou retornar para a home page.

Links. A principal característica da Web – e mesmo sua força – está na possibilidade de clicar um link e estabelecer conexão com qualquer outra página em todo o mundo. No caso de uma página comercial, os links devem ser muito bem pensados para não resultar na rápida saída do internauta do site.

Assinatura. O site pode incluir a assinatura do responsável pelo design ou um endereço eletrônico que, quando clicado, traga ao visitante um formulário para ser preenchido e enviado por correio eletrônico.

Entre os elementos básicos, o texto deve merecer cuidado especial na seleção do tipo para permitir facilidade de leitura nas mensagens da Internet e garantir a eficácia na comunicação. A tipografia, entendida como a ação e o conhecimento de como lidar com caracteres (tipos) para impressão visando a determinados objetivos informacionais e estéticos, apresenta natureza distinta quando aplicada ao suporte papel ou à tela do monitor do computador. Na escolha das famílias de tipos, por exemplo, existe uma diferença fundamental em cada suporte:

> No papel, as serifas facilitam a leitura de textos corridos porque funcionam como ligaduras entre os caracteres e formam "linhas-guias" imaginárias para orientar o movimento dos olhos. Na tela elas têm efeito oposto. Com a baixa definição dos monitores, as serifas acabam por tornar-se uma "sujeira". Assim, é preferível usar uma fonte sem serifa. (Villas-Boas, 2000: 48)

A definição do tamanho da letra também tem de considerar que os tipos menores poderão ser visualizados de forma embaralhada e confusa devido à baixa resolução dos monitores. Outra providência que facilita a leitura é o uso de entrelinha dupla, tornando o bloco de texto mais arejado e facilitando a continuidade de leitura de uma linha para a outra.

A hifenização do texto é um recurso que não deve ser empregado, porque requer maior atenção na leitura. Assim, recomenda-se apenas o alinhamento à esquerda, pois as demais formas de composição do texto apresentam conhecidos inconvenientes: textos justificados criam "claros" entre as palavras para que as linhas tenham a mesma extensão, enquanto textos centralizados ou alinhados à direita exigem maior esforço para a continuidade da leitura (exceto se usados com textos compostos em corpos grandes).

Como usar corretamente fotografias e gráficos

Fotografias e gráficos valorizam qualquer espaço, ajudam a correta visualização da mensagem da empresa e propiciam seu imediato entendimento. Ilustrações facilitam a posterior identificação e o futuro reconhecimento dos produtos e serviços da empresa no ponto-de-venda. Mas é importante tomar cuidado com a quantidade e com o tamanho das imagens utilizadas para que o visitante não tenha de esperar muito tempo para que sejam carregadas.

O computador faz e trabalha com os dois tipos de imagem que faz: vetoriais e bitmaps.[2] Vetores são imagens definidas por instruções e procedimentos como "desenhe uma linha de 20,10 até 120,30", "Desenhe um círculo com centro em 80,80 e raio 10". Os bitmaps são diferentes: o desenho é feito ponto a ponto, como se fosse pintado sobre um papel quadriculado, onde cada quadradinho pode ser preenchido apenas por uma cor. Uma imagem em mapa de bits

---

2. As extensões de gráficos vetoriais mais conhecidas são Windows Metafile (WMF), Corel Draw (CDR), DWG, DXF (ambos da AutoCad) e Adobe Illustrator (AI). As extensões de gráficos em bitmaps mais comuns são Windows Paint (BMP), PaintBrush (PCX), Adobe PhotoShop (PSD), Corel Photo-Paint (CPT), TIF (usado em editoração), GIF e JPG (usados na Internet).

é mais detalhista, mas costuma ocupar mais espaço que uma imagem vetorial simples (Barreto, 1999).

O princípio básico é reduzir ao máximo o tamanho das fotos, dos desenhos e das animações. Especialistas em design consideram as ilustrações em 50 Kb excessivamente grandes, principalmente quando há mais de uma na mesma página. Também é recomendado na Web o uso de arquivos de imagens GIF e JPEG (extensão JPG), que permitem alto grau de compressão. Assim, as fotos e ilustrações com formato como BMP, TIF ou EPS devem ser transformadas em um arquivo GIF ou JPG para ser usadas na Internet.

O GIF, sigla de Graphics Interchange Format, pode comprimir figuras até o máximo de 1 centésimo do tamanho original. Entretanto, a taxa de compressão varia muito: quanto mais redundante for a figura, maior a compressão. No caso de imagens complexas, sem padrões repetitivos, o máximo de redução de tamanho que se consegue é de cerca de 80% do original. A principal limitação das imagens GIF é suportar apenas 256 cores.

Já as imagens JPG aceitam a definição prévia do grau de compactação desejado. Mas quanto menor o arquivo obtido, menor também a qualidade da imagem, embora o número de cores seja maior – 16,7 milhões.

As características dos dois padrões mais utilizados na Web permitem recomendar o JPEG para imagens mais complexas, como fotografias que apresentam muitas cores e vários detalhes, e o GIF para imagens mais simples e com pequena variação de tonalidades, como desenhos e gráficos.

Registro e divulgação do site

Finalmente a empresa tem o seu site na Internet, pronto para ser acessado por uma infinidade de navegantes, entre eles os diversos públicos de interesse direto da companhia. Podem ser dezenas, centenas ou milhares de pessoas. Tudo vai depender do registro adequado do site e de uma divulgação intensiva do novo endereço Web.

Sistemas de cadastro de sites

O registro do site pode (e deve) ser feito nos catálogos e mecanismos de busca nacionais e estrangeiros, que oferecem um excelente tráfego de internautas e são a porta de entrada de inúmeros usuários para a navegação na Web. Cada serviço de busca tem seu próprio sistema de cadastro de sites e o registro deve ser feito obedecendo aos procedimentos descritos para a inclusão do site em cada sistema.

Para o cadastramento manual de um site nas ferramentas de busca nacionais e internacionais é preciso acessar e consultar suas páginas de registro, como as do AltaVista (http://www.altavista.com/addurl), Cadê? (http://br.yahoo.com/info/cade/central_de_cadastros.html), Google (http://www.google.com/addurl.html), Google Brasil (http://www.google.com.br/intl/pt/addurl.html), Lycos (http:// searchservices.lycos.com/searchservices), RadarUOL (http://radaruol.uol.com.br), WebCrawler (http://www.webcrawler.com/info/add_url), Yahoo! (http://docs.yahoo.com/info/suggest) e Yahoo Brasil (http://add.br.yahoo.com/fast/2086175535+BR).

A tarefa de inclusão fica mais fácil e rápida com os sites que fazem todo o trabalho braçal, cadastrando a home page em diversas ferramentas de busca ao mesmo tempo. Esses sites são conhecidos como metacadastros, sendo alguns pagos e outros, gratuitos. O funcionamento de cada um deles é explicado por Resende (1999: 83):

> Os gratuitos são simples formulários em que você preenche algumas informações que são passadas aos diferentes sites de busca. Os pagos, além de cadastrar seu site, fazem verificações permanentes sobre a sua colocação e fornecem relatórios detalhados sobre o cadastro do seu site.

As ferramentas de busca têm sua base de sites atualizada de forma manual ou automática. As primeiras são conhecidas como catálogos – como é o caso do Yahoo! e do Cadê? –, em que uma equipe de pessoas recebe os pedidos de inclusões, avalia e confere as home pages uma a uma, inserindo então o site na base de dados. A segunda categoria utiliza programas conhecidos como *spiders* (aranhas, em inglês), que vasculham automaticamente a teia mundial, navegando de página em página, e catalogando-as de acordo com as informações nela contidas. Esse é o caso do AltaVista e do RadarUOL, entre outros.

Quadro 8 Principais ferramentas de busca no Brasil e no exterior

Nome	Endereço
Altavista	http://www.altavista.com
AOL	http://search.aol.com
Aonde	http://www.aonde.com.br
BOL	http://www.bol.com.br
Cadê?	http://www.cade.com.br
Excite	http://www.excite.com
Família Miner	http://miner.bol.com.br/index.html
Go.Com	http://www.go.com
Google	http://www.google.com
Google Brasil	http://www.google.com.br
Lycos	http://www.lycos.com
RadarUOL	http://www.radaruol.com.br
Webcrawler	http://www.webcrawler.com
Yahoo!	http://www.yahoo.com
Yahoo! Brasil	http://br.yahoo.com

O cadastramento do site exige uma prévia configuração para fornecer ao programa spider as informações que devem aparecer como resultado dessa busca automática. O elemento HTML que serve para isso é o <META>, inserto antes ou após a definição do título da home page. Em suas diversas linhas, ele pode indicar o nome do autor da página, as palavras-chave do website e uma pequena descrição do site.

Depois de configurada a página, o cadastramento nas ferramentas de busca pode ser feito em metacadastros como os norte-americanos SubmitWolf Pro (http://www.trellian.com/swolf), que divulga o site automaticamente em 1.200 mecanismos de busca, e o Webmaster Suite (http://www.webmastersuite.com/SubmitMain.ASP), que oferece a possibilidade de registro em 400 sites de busca e diretórios internacionais.

O WebMaster Meta-Cadastro, sistema da empresa brasileira MR Multimídia, inclui o site em mais de 30 ferramentas de busca, em sua maioria nacionais. Na verdade, esclarece Resende (1999: 86), o Meta-Cadastro coleta, em um formulário próprio, os dados do webmaster e as informações relativas ao site em registro, facilitando, por meio de um assistente, o acesso às páginas de cadastro de mecanismos de busca internacionais, nacionais, regionais e locais.

A familiaridade com os sites de busca resulta em duas vantagens básicas. A primeira – e mais óbvia – é que as ferramentas de busca auxiliam na localização de dados relativos a empresas, produtos, serviços e concorrentes, bem como de informações que podem estar disponíveis nas inumeráveis bases de dados on-line. A segunda, de interesse imediato, é a ajuda que tais mecanismos oferecem na procura de informações acerca de procedimentos para o registro do site da empresa, bem como de indicações de outros locais onde o registro possa ser feito para que a companhia esteja visível na Internet e possa ser mais facilmente localizada.

Assim, os chamados catálogos da Web são os sites que oferecem listas de outros sites na Internet, em geral organizadas por categorias e subcategorias. Alguns catálogos fornecem listas de novos sites, daqueles mais visitados e dos sites altamente recomendados a visita, todos altamente adequados para a divulgação do site da empresa. Também é importante estabelecer links com sites relacionados às atividades de negócios da empresa e aqueles pertencentes a associações e entidades de classe.

Formas de divulgação do site

Na Web existem muitos sites que promovem concursos – realizados por meio da votação do público ou pela escolha de um júri especializado – para a seleção dos melhores endereços em diversas categorias ou ainda indicam a seus usuários sites novos e interessantes. Hokama (1999) entende que é bastante oportuno colocar neles o endereço do site da empresa em razão da excelente divulgação que será obtida caso ele seja escolhido e recomendado.

Quadro 9 Sites na Web que promovem concursos e recomendam endereços

Site	Endereço	Tipo de escolha (júri ou votação dos internautas)
Achei ótimo	http://www.achei.com.br/acheiotimo/index.htm	Júri
Champ D+	http://www.champ.com.br/sitea+	Júri
Cool Site of The Day	http://www.coolsiteoftheday.com	Júri
Guia da Web WebMundi	http://www.webmundi.com/links/busca.asp	Júri
IBest Brasil	http://www.ibest.com.br	Júri e votação
Links & Sites	http://www.sites.jpa.com.br	Júri
Site 10 Favoritos	http://www.quem.com.br/favoritos/default.asp	Júri
Top Web	http://www.topweb.com.br	Votação

Todos os meios e recursos devem ser utilizados na divulgação do site. O press release (ou comunicado à imprensa) é um excelente instrumento para ser enviado aos serviços da Web que selecionam e anunciam o que existe de novo na Internet. Até mesmo jornais e revistas têm interesse editorial em divulgar e comentar a presença de empresas, produtos e serviços na Internet, em especial se eles tiveram algum atrativo especial.

Outra providência fácil é a imediata colocação do endereço Web da empresa em embalagens, cartões comerciais, impressos de correspondência, manuais, folhetos, catálogos e anúncios. A figuração certamente vai atrair o consumidor para o site e permitir que ele conheça melhor a companhia, seus produtos e serviços.

9 Desenvolvendo Relações com a Mídia na Web

As empresas precisam relacionar-se com os mais variados públicos, mas a mídia é uma audiência comum a todas e muito importante. O jornal, a televisão, o rádio e os novos veículos irradiam e inculcam sobre todos os demais suas atitudes e percepções a respeito das organizações, seja de maneira expressa ou apenas sugerida. Este capítulo aborda inicialmente as razões que justificam a necessidade de manter relações próximas e cordiais com os profissionais de comunicação e, em seu final, expõe os elementos, os recursos e as estratégias que facilitam o planejamento do site para atender, de forma adequada e correta, às reais necessidades de informação da mídia.

Relações públicas e mídia

A forte influência que a mídia exerce sobre todos os demais setores da opinião pública – irradiando e inculcando neles suas atitudes e percepções a respeito da empresa e de seus produtos e serviços – permite ainda dizer que os jornalistas são os mais multiplicadores dos públicos. O relacionamento com a mídia torna-se então fundamental para as organizações desenvolverem e manterem relações próximas com repórteres e editores visando assegurar uma cobertura positiva ou, no mínimo, justa por parte da imprensa.

Como vimos, o endosso da imprensa tem a vantagem de acrescentar maior credibilidade aos esforços de relações públicas, superando os resultados de um comercial na TV ou de um anúncio em jornal. A consultoria de relações públicas Wirthlin Group, de Nova York, apurou em um estudo mais recente, realizado com 1.023 pessoas para detectar as fontes de informação de maior impacto na decisão de compra de um produto ou serviço, que 35% dos entrevistados eram mais influenciados por matérias em jornais e 28% por artigos em revistas, contra apenas 8% de entrevistados que indicaram comerciais de televisão (Sherwin & Avila, 1997: 3).

O experiente jornalista, publicitário e relações públicas Nemércio Nogueira (1999: 56-9), depois de questionado por um empresário com uma pergunta que considerou incômoda e provocadora – "Por que devo dar satisfações à mídia? Me dê uma boa razão" –, alinhavou nada menos do que dez razões diretas e objetivas da importância e da necessidade de prestar informações aos jornalistas:

1. A primeira boa razão para se atender a um jornalista é evidentemente o fato de ele haver solicitado uma informação. Nesse caso, o melhor que se tem a fazer é pelo menos conversar com ele. Caso contrário, poderá ser publicado que, procurada, a empresa não quis pronunciar-se – o que sempre dá margem a dúvidas indesejáveis na cabeça das pessoas que lêem jornal ou assistem à televisão.
2. Outro bom motivo para atender ao repórter quando ele o procura é que, quando um dia você tiver interesse em divulgar alguma notícia, terá canal aberto com o jornalista que o consultou anteriormente e que você tratou bem. O bom relacionamento com a mídia, fundamental quando se deseja dar ao público uma informação, se constrói em circunstâncias assim, muitas vezes fortuitas, e não quando se precisa tirar proveito dele. No momento em que você necessita recorrer aos jornalistas, é fundamental que eles saibam quem você é e tenham algum conhecimento de sua empresa ou entidade.
3. Se a sua empresa estiver em alguma situação controvertida, atender à solicitação de informações do jornalista é, pelo menos, conseguir que a sua versão dos fatos tenha alguma chance de também ser divulgada, o que é obviamente melhor do que ver publicada somente a versão contrária.
4. Aliás, quanto mais crítica a situação em que a empresa estiver, mais importante será que você ou o profissional encarregado não só atenda aos jornalistas, como também que busque intensamente informá-los, em base em cuidadoso posicionamento predeterminado. Porque as

versões contrárias ao seu interesse, verídicas ou não, justas ou injustas, certamente chegarão à mídia, freqüentemente em *off*, isto é, sem identificação da fonte, e muitas vezes provenientes de dentro da própria empresa.

5. Mais do que as empresas menores e as pessoas físicas, as grandes companhias são extremamente exigidas pela população, quase como acontece aos órgãos governamentais. A partir de certa dimensão, as empresas passam a ser mais que simples produtoras de bens e serviços. Pelo espaço mental que ocupam no universo da vida nacional, regional ou local, elas passam a ser socialmente cobradas também em termos de atitude e perfil de cidadania.

6. Quanto mais elevada a sua posição na empresa, melhor você precisa saber conversar com os jornalistas. Não há curso nem livro que ensine mais eficazmente essa técnica do que a prática. E quanto mais perfeitamente você conhecer as realidades do trabalho do jornalista – as pressões que sofre, os critérios que utiliza, as limitações de tempo a que está submetido – melhor você conseguirá dialogar com ele. Por isso, além de procurar pessoalmente alguns jornalistas, também vale a pena visitar algumas redações de jornais e emissoras de rádio e TV, para conversar com os repórteres e os editores sobre o dia-a-dia deles.

7. Tudo o que é misterioso levanta suspeitas. Para o jornalista, justificadamente, uma empresa cujos executivos se ocultam da mídia e a evitam forçosamente sugere que têm algo a esconder. Aliás, nem é preciso ser jornalista para suspeitar. A fim de evitar o surgimento dessa muralha de reserva, que gera prevenção e má vontade, o executivo deve falar com a mídia sempre que solicitado, ainda que seja para explicar que, por tal ou qual motivo – questão *sub judice*, lei de sociedades anônimas, sigilo em face da concorrência etc. – não pode dar a resposta desejada. Ou então que não dispõe da informação no momento, comprometendo-se a fornecê-la posteriormente (e não esquecer de fazer isso).

8. Além de atuar de forma reativa, atendendo às solicitações dos jornalistas, as empresas devem também agir proativamente, tomando a iniciativa de, sem exageros de autopromoção, informar a imprensa sobre suas realizações e atitudes. Ao adotar essa política, o executivo estará tornando a sua vida muito mais fácil, pois coloca sua organização em um cenário de boa vontade entre os jornalistas.

9. Todos nós – cidadãos, entidades, empresas e órgãos governamentais – somos passíveis de julgamento em dois tribunais: o da Justiça e o da opinião pública, e, neste último, freqüentemente o papel do promotor é desempenhado pela mídia. Mais uma razão para estarmos próximos

dos jornalistas, conhecendo seus métodos de trabalho e mantendo-os informados sobre nossas qualidades, procurando assim evitar acusações injustas.

10. Freqüentemente se ouvem dirigentes de órgãos públicos e empresas queixar-se de que os jornalistas não entendem as realidades com que tais entidades operam e, por isso, acabam distorcendo as informações que recebem. Se aceitarmos o pressuposto de que a mídia é um fato inevitável da vida – como o resfriado, se quiserem os mais críticos, para o qual ainda não se descobriu remédio –, torna-se evidente que a maneira de reduzir esse problema consiste em nos esforçarmos para familiarizar os jornalistas com as operações que estão sob nossa responsabilidade, dando-lhes informações sempre que possível e convidando-os para conhecer nosso trabalho, mediante um programa sistemático de almoços e contatos periódicos com um ou dois editores por vez, visitas a departamentos e seminários informativos.

Todas as razões expostas reforçam o fato de que o contato pessoal não deve ser abandonado nas relações com a mídia, mas complementado com o uso da Web como uma ferramenta efetiva para prover de serviços e conteúdos valiosos os editores, os jornalistas e os repórteres que cobrem um setor de negócios e mesmo determinada empresa ou organização.

Um site da Web que promova relações com a mídia é um versátil instrumento de relações públicas para conseguir eventuais coberturas da imprensa para assuntos de interesse da empresa. Essa versatilidade provém fundamentalmente do fato de os jornalistas poderem obter a informação de que necessitam a qualquer hora do dia ou da noite. Com prazos de fechamento rígidos, o repórter não se vê frustrado com a dificuldade de falar com uma fonte que não é encontrada no momento em sua mesa de trabalho ou que muito provavelmente poderá estar impedida de atender a ligação do jornalista por estar participando de uma importante reunião com a diretoria da empresa.

Construindo relações com a mídia no site

Os jornalistas marcam presença cada vez maior na Web como um local para a busca de informações corporativas e institucionais, de dados econômicos e financeiros, de biografias, de listas de endereço para contato com os responsáveis pela empresa e de fotos.

Elementos básicos do site para relacionamento com a imprensa

Os sites precisam ser cuidadosamente planejados para atender às necessidades da mídia. Devido à natureza do trabalho do jornalista, as estratégias e os recursos on-line que podem ser úteis para motivar a visita freqüente ao site da empresa e ainda fazer os repórteres confiar em uma informação objetiva e precisa são: notícias atuais, lista de contatos, posicionamentos da empresa, calendário de atividades, arquivo de news releases, discursos, dados gerais da empresa, informação sobre produtos ou serviços, press kits e serviço de subscrição de informações (Holtz, 1999: 119-25).

Notícias atuais

A home page do site não deve limitar-se a uma apresentação estática de links para suas diferentes seções. As notícias mais atuais têm de ser apresentadas de maneira destacada. Em tempos de crise, os repórteres poderão verificar que o site é uma fonte de informação, enquanto no dia-a-dia a empresa pode estar certa de que suas notícias mais importantes serão facilmente visualizadas pelos visitantes do site.

Lista de contatos

Não são só os repórteres que se irritam quando uma ligação telefônica é transferida de pessoa para pessoa até afinal ser encontrado o responsável por determinada informação. Uma lista de contatos – com nome, número de telefone, endereço eletrônico e áreas de responsabilidade – evita dissabores e perda de tempo, pois o jornalista localiza imediatamente a pessoa autorizada para prestar as informações necessárias.

Posicionamentos da empresa

Em sua área de atuação, muitas companhias podem estar diretamente envolvidas em questões e assuntos que despertam a atenção de ativistas de associações e de organizações não-governamentais (ONGs). Os defensores dos animais voltam o olhar para a indústria química, os ambientalistas acompanham os passos da indústria petrolífera, os advogados podem observar com mais cuidado a indústria de brinquedos. Mesmo as práticas adotadas por companhias de outros setores podem ter a desaprovação do governo, dos defensores de direitos dos consumidores e dos concorrentes. O site da Web pode publicar e firmar a posição da empresa diante de questões e assuntos em que ela possa estar envolvida.

Calendário de atividades

O conhecimento prévio das atividades e dos eventos da empresa pode ajudar os editores a decidir fazer sua cobertura. O calendário de atividades deve conter a data e a hora do evento, o local, a natureza do envolvimento da companhia e o nome do contato para mais informações, as quais podem também ser oferecidas por meio de um link para uma página específica do site.

Arquivo de news releases

Os releases divulgados no site devem permitir fácil localização pelo repórter, por meio da sua organização em ordem cronológica (começando do mais recente) e por qualquer outra categoria pertinente, como linha de produto, país ou assunto. Quando oportuno, o news release pode ter links para documentos de texto relacionados, arquivos de vídeo e de áudio, animações e programas executáveis.

Discursos

Os textos de discursos feitos pelos principais executivos devem estar arquivados on-line e disponíveis para consulta. Embora os arquivos de áudio e de vídeo não sejam muito apreciados pelos jornalistas, Holtz (1999: 123) sugere que um streaming de áudio que apresente os pontos principais do discurso – com até 20 segundos de duração – seja oferecido no site para ajudar a decidir se o discurso será ou não lido na íntegra.

Dados gerais da empresa

A seção deve incluir as informações que costumam ser constantemente solicitadas pela imprensa, como data de fundação da companhia, produtos e serviços mais destacados, sede e filiais, países em que está presente, número de empregados. Os principais executivos têm de ser apresentados com biografias e fotografias. Caso as fotos tenham o formato padrão da Web (GIF ou JPEG), devem-se oferecer arquivos de maior qualidade para download, evitando que o editor faça o pedido de uma cópia para a empresa.

Informação sobre produtos ou serviços

No capítulo anterior, ao analisar a estrutura de um site da Web, vimos que as informações sobre produtos e serviços da empresa estão entre as principais seções a serem visualizadas na home page. Como os jornalistas necessitam de informações diferentes das destinadas ao público em geral, é recomendável ter uma página exclusiva na seção destinada à mídia. Ela deve incluir fotos dos produtos e das embalagens, especificações técnicas dos produtos, detalhes do processo de fabricação, perfil do comprador e outros materiais que possam ser passíveis de interesse jornalístico. Se tiver sido distribuído um press kit sobre o produto, ele deve também estar disponível nessa seção.

Press kits

Um press kit típico contém um press release, uma folha resumo, um histórico breve, uma ou duas fotos e uma lista de contatos com números de telefones e endereços eletrônicos. O *kit* é usualmente distribuído aos repórteres em uma coletiva para a imprensa ou remetido para as redações, na suposição de que ele atenda às necessidades particulares de cada editor. Já o press kit on-line é mais efetivo porque permite atender aos interesses mais específicos de cada jornalista. Além do material básico, ele pode buscar outras informações por meio dos links dispostos ao longo do texto, que o conduzirão a outras partes do site e, conseqüentemente, a outros dados pormenorizados.

Serviço de subscrição de informações

Os serviços de envio de informação estão-se tornando bastante comuns na Web e gerando um negócio atrativo e lucrativo. Com a atual tecnologia da Internet, mesmo o site de uma empresa pode oferecer um serviço regular de subscrição de informações e notícias. Mediante o preenchimento de um formulário de registro, o jornalista passa a receber graciosamente as informações previamente solicitadas, enquanto a companhia garante e mantém um canal permanente de relacionamento com o interessado.

Estudo de caso de relações com a mídia

Sucessora da Associação Brasileira da Indústria Farmacêutica (Abifarma), a Federação Brasileira da Indústria Farmacêutica (Febrafarma) congrega um total de 250 empresas de capital nacional e estrangeiro em operação no Brasil. De acordo com seus objetivos, a nova entidade de representação tem a tarefa de promover uma ação coordenada das associações que a compõem, no sentido de estabelecer um diálogo construtivo e permanente com a sociedade e com as autoridades governamentais responsáveis pela área de Saúde.

Os compromissos estabelecidos pela Febrafarma são:

- fomentar os princípios da livre iniciativa;
- promover os valores da indústria farmacêutica perante os poderes e a sociedade;
- colaborar estreitamente com os poderes constituídos no tocante a questões relacionadas à produção e ao consumo de medicamentos;

- estimular a contínua oferta de produtos e serviços de alto teor de qualidade, buscando elevar o padrão do arsenal terapêutico à disposição da classe médica e da sociedade;
- fazer respeitar, pelos associados, os princípios estabelecidos pelo Código de Conduta da Federação, buscando, de forma permanente, a unidade do setor;
- fomentar o relacionamento entre a indústria farmacêutica e os profissionais de Saúde, de Ciências Médicas e Farmacêuticas;
- estimular a pesquisa e o desenvolvimento de novos medicamentos e a divulgação de informações de caráter científico no país; e
- estimular a capacitação e o desenvolvimento técnico-industrial da indústria farmacêutica instalada no Brasil.

Como a própria entidade reconhece, a sua criação "é resultado do processo de evolução do mercado brasileiro. Ao aceitar a plena vigência do sistema de patentes e possibilitar a consolidação da produção de medicamentos genéricos, o Brasil coloca-se, em relação a esses dois pontos, em posição de igualdade aos países mais desenvolvidos". Por outro lado, essa nova realidade do mercado brasileiro deve ser um fator motivador para que a Febrafarma procurasse desenvolver no seu site (http://www.abifarma.com.br) um espaço para colocar ao alcance dos profissionais de mídia dados e informações a respeito de questões e de assuntos do interesse da Federação e de suas entidades filiadas.

Como vimos, a influência que a mídia exerce sobre todos os demais setores da opinião pública – veiculando e inculcando neles suas atitudes e percepções acerca das organizações e das empresas – torna os jornalistas os mais multiplicadores dos públicos. Assim, o site da Febrafarma publica informações institucionais sobre a entidade, além de disponibilizar seções de interesse direto para editores e repórteres, como Agenda, Notícias, Imprensa e Projetos.

A seção Agenda lista os eventos do setor farmacêutico que estão previstos em um período de 30 dias, sendo bastante útil para que os editores programem uma eventual pauta de cobertura dos acontecimentos. A seção Notícias corresponde a um verdadeiro clipping da indústria farmacêutica, pois reproduz as notícias do setor que foram publicadas pelas agências noticiosas e pelos principais jornais e revistas brasileiras. Algumas matérias são produzidas pela assessoria de imprensa da própria Abrafarma e defendem suas posições em relação a mercado, investimentos, carga tributária e controle de preços:

> O volume de receita do setor, ocupa a 10º colocação no ranking mundial
>
> 14/6/2002
>
> A indústria farmacêutica brasileira reúne 370 empresas que, juntas, respondem por um faturamento anual da ordem de 7 bilhões de dólares. O volume de receita do setor no Brasil é o décimo maior do mundo e o segundo maior da América Latina, perdendo apenas para o México. Em volume físico, mesmo com um consumo estagnado há cinco anos, o Brasil ocupa a quarta posição no ranking mundial, com 1,6 bilhão de unidades (caixas) vendidas em 2001.
> Das 370 empresas presentes no mercado farmacêutico brasileiro, 296 têm capital nacional e 74 capital estrangeiro, predominantemente europeu e americano. As empresas multinacionais respondem por 70% das vendas para o mercado interno, sem computar a parcela de compra de medicamentos feita pelo governo.
> Os investimentos da indústria farmacêutica no país têm sido crescentes. De 1994 a 2000, o montante de recursos aplicados pelas empresas em suas operações brasileiras é da ordem de 2 bilhões de dólares. As estimativas para o período entre 2001 e 2005 indicam a manutenção do nível de investimento anual no patamar de 200 milhões de dólares. Como resultado, a participação do setor na criação de novos postos de trabalho tem sido expressiva. A indústria como um todo emprega diretamente cerca de 50 mil trabalhadores, mas responde pela geração de mais de 250 mil empregos indiretos, contando toda a cadeia produtiva.
> A carga tributária que incide sobre medicamentos no Brasil é uma das mais elevadas do mundo. A indústria farmacêutica brasileira gera por ano um volume superior a 1 bilhão de dólares de impostos sobre as vendas. A cobrança de impostos em cascata que

incidem sobre a produção, problema que também afeta a outros setores industriais do país, é um dos itens importantes da agenda de discussão com o setor público. No caso dos medicamentos, o processo de desoneração dos tributos federais já foi iniciado, embora de forma tímida, restando ainda um longo caminho para alcançar um nível adequado de tributação nas esferas estaduais.

Mercado brasileiro e suas características
A população brasileira conta com o mesmo arsenal terapêutico disponível em todo o mundo. A indústria farmacêutica produz no Brasil boa parte desses medicamentos e, nos casos em que isso não ocorre, a oferta se dá ou via importação pelos próprios fabricantes ou por intermédio de empresas com as quais existem acordos comerciais.

Graças à expansão e modernização da produção farmacêutica no país, os laboratórios vêm obtendo economias de escala e aumento da produtividade nas fábricas, o que aponta para uma tendência de estabilização do preço médio dos medicamentos e de maior competitividade do produto brasileiro.

Esse esforço, no entanto, ainda é insuficiente para reverter, nas condições atuais, o aumento das importações de produtos acabados e semi-acabados, o que traz para o setor um peso negativo em sua balança comercial. Daí a importância de uma política estratégica que leve em conta o aumento da produção de modo a não só elevar os níveis de produtividade, mas também de atrair novos investimentos para substituir importações e alavancar a capacidade exportadora do país.

Distorção na demanda
O preço é um fator importante para o acesso das pessoas pobres e dos países pobres aos medicamentos. Entretanto não determina, por si só, quem tem acesso à assistência em saúde. Freqüentemente, observamos que a oferta de medicamentos de baixo preço, e mesmo dos que são distribuídos gratuitamente, não é to-

talmente consumida. Outros fatores pesam para que o fluxo desses medicamentos chegue corretamente ao seu destino: a disponibilidade de serviços de saúde descentralizados, com pessoal capacitado, adequadamente equipado, e com boa estrutura de administração e financiamento, orientado para as prioridades locais. São necessários, também, sistemas eficientes de distribuição, além de desoneração tributária e tarifária.

O mercado farmacêutico, sobretudo em países pobres, depende essencialmente da renda. E nesse aspecto, a situação brasileira chega a ser dramática. Apenas 15% da população, com renda acima de 10 salários mínimos, é responsável por 48% do consumo de medicamentos. Inversamente, 49% da população não possui renda suficiente para adquirir medicamentos, quaisquer que sejam os preços com que eles são ofertados. Há, portanto, uma enorme distorção na demanda, cuja causa, erroneamente, tem sido atribuída exclusivamente ao preço dos produtos. A verdade, porém, é que a evolução de preços acumulados dos medicamentos tem ficado abaixo da inflação. De julho de 1994 a agosto de 2001, enquanto o índice de preços da Fipe acusou uma alta acumulada de 96,7%, os reajustes da indústria farmacêutica totalizaram 84,8%. Se comparado com o reajuste de tarifas administradas pelo governo, a diferença é ainda maior.

A última Comissão Parlamentar de Inquérito sobre o setor farmacêutico, promovida pela Câmara dos Deputados em 1999, mostrou que a falta de renda por parte da população brasileira é que provoca essa distorção no consumo.

Diante desse cenário, torna-se evidente a necessidade de o país contar com um sistema público de acesso aos medicamentos, da mesma forma que ocorre na Europa, com a participação do governo, e nos Estados Unidos, com a participação dos Planos de Saúde.

Controle de preços

Por falta de uma correta compreensão desse quadro e por pressão da sociedade, o governo tem adotado políticas ineficazes no seu resultado. É o caso do controle e tabelamento de preços de medicamentos, prática que havia sido abandonada em meados da década passada para todos os setores industriais, pelo desajuste que provoca na estrutura das empresas e na cadeia produtiva de cada um dos setores. O garrote do controle de preços não tem garantido à população melhor acesso aos medicamentos. Mesmo a entrada dos genéricos no mercado não foi capaz de produzir um aumento substancial da demanda, como era esperado – a não ser pela substituição de produtos de referência por genéricos. De 1996 a 2002, o número de unidades vendidas caiu de 1,82 bilhão para 1,6 bilhão.

Tendências de desenvolvimento no quadro atual
A ampliação do mercado interno de medicamentos, como já foi apontado, depende exclusivamente da entrada de novos consumidores. Não há, porém, uma perspectiva mais imediata de mudança no perfil de consumo dos brasileiros.

Os últimos dados do censo do IBGE, embora revelem uma evolução no acesso da população a bens duráveis após o Plano Real, mostram que a concentração de renda no país ainda é grande – metade dos brasileiros recebe até dois salários mínimos mensais. Por essa razão, só é possível vislumbrar o crescimento do mercado interno por meio de um sistema público de acesso aos medicamentos.

(......................................)

Fonte: Febrafarma

Já a seção Imprensa oferece duas páginas: "Imprensa", propriamente dita, e "Opinião". A primeira publica press releases a respeito de assuntos da indústria farmacêutica e setores de seu interesse, matérias que são produzidas pela Febrafarma, pelas entidades associadas e por laboratórios farmacêuticos. O espaço também é utilizado para a Federação firmar posição ante questões de interesse da área, na forma de notas à imprensa:

Nota da Abifarma sobre pesquisa do Idec
22/8/2001

A respeito da nota Idec: Brasileiro paga mais por remédios, a Abifarma informa que:

A pesquisa realizada pelo Idec, em parceria com alunos e professores de Ciências Farmacêuticas da Universidade de Brasília, peca pela inconsistência, pois compara elementos incomparáveis.

Preços de medicamentos vendidos para grandes instituições, especialmente internacionais, não são comparáveis com preços de venda nas farmácias no Brasil.

As vendas para grandes instituições se dão por intermédio de concorrências nas quais o custo de comercialização, que é um item que faz parte do preço na farmácia, não é incluído.

Além disso, o preço dos medicamentos nas farmácias é gravado em 25% pelos impostos que sobre eles recaem.

Uma pesquisa desse tipo só faria sentido se comparasse os preços dos medicamentos oferecidos para grandes instituições internacionais com os oferecidos para instituições semelhantes no Brasil.

Quanto aos gastos com marketing, há laboratórios que têm esses tipos de gasto e outros que não têm. Além disso, a existência de gastos com marketing é um indicativo de que há forte concorrência no mercado de medicamentos, o que demonstra que o setor não é oligopolizado. Se fosse, por que os laboratórios investiriam em marketing?

A Abifarma reitera que é amplamente favorável à construção de um política de acesso aos medicamentos no Brasil, com forte participação na sua compra e distribuição, e está à disposição para debater e colaborar com a sua implementação.

Ciro Mortella
Presidente-executivo da Abifarma
Associação Brasileira da Indústria Farmacêutica

A página "Opinião", como o próprio nome indica, disponibiliza matérias opinativas redigidas por membros da Federação, de entidades associadas, de representantes da indústria farmacêutica e de docentes e pesquisadores de instituições de ensino (ver Figura 3). Os temas são variados e os textos apresentam pontos de vista que podem ajudar os jornalistas a identificar outras fontes com informações que permitam a redação de matérias sobre assuntos em pauta da maneira mais isenta possível.

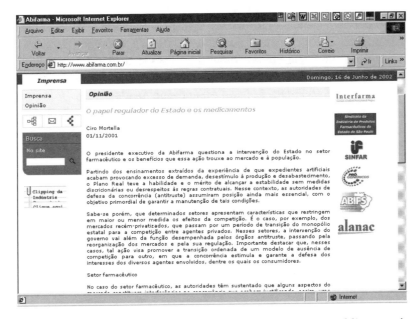

Figura 3   A página "Opinião" do site da Febrafarma publica matérias opinativas em torno de assuntos de interesse da entidade, como a questão da intervenção do Estado no setor farmacêutico.

A seção "Projetos" divulga programas em andamento, como o Projeto Assistência Farmacêutica ao Aposentado (AFA), proposto com o objetivo de promover a criação de um programa contínuo de distribuição de medicamento, a preço de custo, aos aposentados da rede privada, e o Programa de Acesso aos Medicamentos (PAMSUS), para atendimento da população mais carente, estimada em 50 milhões de pessoas, mediante alocação de recursos orçamentários da União. Por sua natureza, os dois programas podem merecer atenção dos profissionais de imprensa e, eventualmente, ser pautados nas redações.

No site da Febrafarma, a seção Links facilita a pesquisa jornalística oferecendo uma extensa relação de outros acessos a entidades (como a Associação Brasileira de Comércio Farmacêutico – ABCFARMA, a Associação Brasileira da Indústria de Produtos para a Saúde – ABIPS, e a Associação Brasileira da Propriedade Intelectual – ABPI), a agências federais (Agência Nacional de Vigilância Sanitária – Anvisa, Departamento de Informática do SUS – Datasus), a órgãos estaduais (Centro de Vigilância Epidemiológica do Estado de São Paulo e Fundação para o Remédio Popular – FURP) e a grandes provedores de dados (Dataprev, Fundação IBGE e Fundação Seade).

Outros sites internacionais que os profissionais da mídia podem acessar para a busca de dados e informações são o Centro de Controle e Prevenção de Doenças, nos Estados Unidos; o Departamento de Saúde Pública, na Inglaterra; o Institut de Veille Sanitaire, na França; o Ministério da Saúde da Itália; e os organismos internacionais Organização Mundial de Saúde, Organização Pan-Americana de Saúde e o European Drug Utilisation Group – Euro DURG.

O site da Febrafarma deixa disponível ainda ferramenta de busca de informações dentro de suas páginas e permite ao profissional de comunicação cadastrar-se para receber diariamente notícias por e-mail.

ID # 10 Desenvolvendo Relações com os Consumidores na Web

O desenvolvimento de relações com o consumidor sempre preocupou os profissionais de Relações Públicas. Este capítulo, considerando abordagem do conceito de relações públicas de marketing, mostra que os clientes e os prospects acabam tornando-se um dos públicos prioritários de relações públicas quando suas ações e seus programas passam a ser utilizados em apoio a marketing.

Em seguida, são mostrados recursos e oportunidades para que o profissional de Relações Públicas promova o efetivo estreitamento das relações com os consumidores nos sites de empresas e organizações, contribuindo assim para assegurar a lealdade dos clientes e manter a companhia competitiva.

Relações Públicas e os consumidores

No mundo corporativo, são os consumidores que compram produtos e serviços das empresas, gerando dessa forma o fluxo de caixa que permite seu crescimento, o investimento em suas atividades e a realização do lucro. Enquanto os demais públicos de uma organização são contados às dezenas, centenas ou milhares, os consumidores podem chegar a milhões de pessoas que compram ou usam os produtos de uma companhia dia a dia. Cada um deles é depositário do êxito da empresa, da mesma maneira que todo consumidor representa uma oportunidade única para a empresa construir um relacionamento que sustente seu sucesso no futuro.

Em muitas empresas, os programas de marketing agressivos e caros vêm sendo gradativamente substituídos ou complementados por estratégias para manter a fidelidade dos consumidores já conquistados. A elevação dos custos de mídia e a crescente diversificação dos veículos passam a exigir das empresas preocupadas em manter o nível de publicidade proporcional à participação no mercado um volume de gastos que não podem suportar. Assim, especialistas de marketing asseguram que conquistar um cliente novo custa cinco vezes mais caro à empresa do que transformar um comprador eventual em consumidor fiel à marca.

O profissional de Relações Públicas sabe da importância desse público e das profundas mudanças ocorridas em sua natureza ao longo dos anos 90. Hoje, está em cena um novo cidadão, mais informado, mais crítico, consciente e com maior participação na sociedade. Como conseqüência, o consumidor está extremamente informado de seus direitos, tem gostos definidos e exige ser atendido com produtos e serviços que atendam a suas necessidades reais.

Portanto, a diversidade é também uma característica de grande valor. A tendência de agrupar os consumidores em uma única audiência só porque eles apresentam um comportamento comum – ou seja, a compra de um produto ou serviço – mostra-se amplamente equivocada. Na verdade, as necessidades que apontam para a aquisição de determinado produto ou serviço podem diferir bastante, da mesma maneira que podem ser diferentes os benefícios dela derivados para o consumidor (Caywood, 1997: 139).

Relações públicas de marketing

A expressão "relações públicas de marketing" (RPMs) começa a ser usada para afirmar a importância das relações públicas em apoio a marketing, que precisa passar a ser vista como uma peça-chave para sua atuação ante os consumidores e prospects de produtos e serviços.

Relações públicas de marketing é o uso de estratégias e técnicas de relações públicas para a organização atingir objetivos de marketing. Os propósitos das RPMs são criar conhecimento, estimular vendas, facilitar a comunicação e construir relacionamentos entre consumidores e empresas e marcas. As principais funções das RPMs são a divulgação de informações verossímeis, o patrocínio de eventos relevantes e o apoio a causas que beneficiam a sociedade. (Harris, 1998: 21)

Em sua ligação com o marketing, as relações públicas tornam-se cada vez mais fortes na medida em que se reconhece a necessidade de construir ou reforçar relacionamentos com o consumidor.[1] As tarefas específicas que podem ser assumidas consistem em promover produtos, pessoas, idéias, atividades e organizações; dar assistência ao lançamento de novos produtos; auxiliar o reposicionamento de produtos e marcas já existentes; restaurar o interesse por categorias de produto em estágio de declínio; ajudar a expandir a base de consumidores para *commodities*, como suco de laranja; construir imagem corporativa que seja projetada favoravelmente sobre seus produtos.

As tarefas, os propósitos e as atividades assumidas pelos profissionais de Relações Públicas perante os clientes e prospects assumem uma nova dimensão na rede mundial. As empresas já perceberam que os consumidores, a exemplo de seus demais públicos, buscam cada vez mais a Internet para obter as informações que facilitem seu processo de tomada de decisão.

Construindo relações com os consumidores no site

Por sua natureza, a Internet tem a grande vantagem de permitir que as companhias alcancem consumidores, compradores, clientes e prospects em bases individuais, mas em escala verdadeiramente global. Entre outras razões de interesse do profissional de Relações Públicas, as empresas podem criar seu próprio site na Web para dar

---

1. A Mercedes-Benz adotou na Alemanha um nova maneira de interagir diretamente com seu consumidor, que pode retirar seu automóvel na própria fábrica e, assim, ter uma chance de encontrar e conversar com as pessoas que projetaram e construíram o carro.

informações detalhadas e atualizadas da empresa, criar o conhecimento dos produtos e serviços da empresa, oferecer serviços aos clientes e abrir um novo canal de comunicação interativo com o consumidor.

Como vimos, a interatividade da Internet facilita o estabelecimento do diálogo com os clientes e prospects de uma empresa. Nos sites de muitas montadoras instaladas no Brasil o consumidor pode agendar *test drives* nas revendedoras e simular planos de financiamento e condições de pagamento para a compra de veículos. Os serviços interativos de home banking permitem que os clientes, sem sair de casa, verifiquem o saldo de sua conta corrente ou da poupança, requisitem extratos e façam transferências entre suas contas.

Outra maneira de ser interativo no site da empresa é fornecer um link de e-mail para que o consumidor encaminhe suas dúvidas e perguntas. Entretanto, o retorno deve ser rápido, pois em vários sites as respostas aos e-mails dos visitantes são adiadas ou completamente esquecidas. Esperar quase uma semana para receber uma resposta é uma experiência bem desgastante para muitos clientes da empresa.

As perguntas mais comuns e freqüentes recebidas e respondidas podem ser agrupadas na seção de Frequently Asked Questions, (FAQ), que deve ser facilmente visualizada no site. A organização do FAQ deve simplificar a leitura dos documentos e permitir ao usuário navegar por ele com sucesso, sem ficar confuso ou sentir-se perdido.

A área deverá então estar organizada da maneira mais lógica possível. O agrupamento por assuntos é um dos modos mais comuns de dividir as páginas de FAQ, dispostos de forma que permita ao navegante localizar logo onde pode estar a informação desejada, como no exemplo:

- FAQ sobre produto "A";
- FAQ sobre produto "B";
- FAQ sobre produto "C";
- FAQ sobre pedidos de compra;
- FAQ sobre garantia;
- FAQ sobre devolução.

Atendendo o consumidor on-line

Toda empresa precisa tornar uma experiência prazerosa a compra ou o uso de seus produtos ou serviços. Essa é a principal missão dos chamados Serviços de Atendimento ao Consumidor (SAC), que também contribuem para assegurar a lealdade à marca, na medida em que promovem contatos com o consumidor e continuam prestando informações úteis.

No início, os serviços de atendimento respondiam às cartas com perguntas sobre produtos e seus usos. Em seguida, as empresas implantaram o serviço telefônico 0800, uma importante maneira de estabelecer relações pessoais com seus clientes. Após analisar a atuação das centrais de atendimento existentes no Brasil, Vera Giangrande (em Kunsch, 1997: 191-2) encontrou e descreveu seus três tipos: defensiva, ativa e interativa.

Defensiva.

Seu objetivo é atender reclamações. Tem postura defensiva e atitude passiva. Aceita, atende e resolve reclamações, no todo ou parcialmente. Muito preocupada com o reclamante que *não* tem razão.

Ativa.

Objetiva o controle de qualidade do produto ou serviço. Geralmente tem uma postura intermediária, atitude reativa. Aceita, atende e resolve a reclamação. Transmite informações padronizadas e periódicas para várias áreas da empresa, fornece database para o marketing e gera relatórios estatísticos. Mais preocupada com seus sistemas informativos.

Interativa.

Objetiva a fidelização do consumidor ou usuário, sem postura agressiva e com atitude proativa. Aceita, atende e motiva outras áreas a resolver a reclamação, consolidando a interface do cliente com elas. Levanta opiniões e expectativas. Fornece informações rápidas e informais para reverter possíveis quadros de atrito, relatórios periódicos com o conteúdo estatístico e qualitativo a todas as áreas de decisão da empresa bem como aos responsáveis pela interface com o cliente. Fornece database para o marketing. Participa da vida da empresa, muitas vezes fazendo sugestões ou trazendo recomendações. Busca a fidelização do cliente. Seu lema é: o cliente *sempre* tem razão. É claro que este modelo é o que será mais produtivo para a empresa. Mas, para que ela exista e funcione adequadamente, é imprescindível que *todos na empresa estejam convencidos, envolvidos e motivados para satisfazer as expectativas do cliente.*

Estudo de caso de relações com os consumidores

O advento da Internet trouxe o e-mail como nova ferramenta de comunicação da empresa com os clientes (e vice-versa), da mesma forma que os sites abrem seções para o atendimento do consumidor, procurando construir com ele um relacionamento permanente, dinâmico e interativo.

É o caso da Kodak, que iniciou suas operações brasileiras no Rio de Janeiro, em 11 de outubro de 1920, com a importação e comercialização de chapas, filmes e papéis fotográficos. A fase industrial no país começou em 1954, quando a empresa adquiriu a Wessel, uma fábrica paulista de papel fotográfico preto-e-branco. Nos anos 90, a Kodak brasileira superou a marca de 18 milhões de câmeras fotográficas produzidas no território nacional. Hoje, a companhia possui cerca de 2,5 mil funcionários e comercializa mais de 3,5 mil produtos. Fabrica câmeras, filmes, papéis fotográficos e fotoquímicos e dispõe de uma rede de distribuição que engloba mais de 10 mil pontos-de-venda.

O site da Kodak (http://www.kodak.com.br) procura estreitar relações com seus diferentes consumidores: o fotógrafo amador, o fotógrafo profissional e os clientes corporativos. O fotógrafo amador dispõe de um curso de fotografia completo e de seções para gincanas, envio de cartões-postais e downloads de calendários personalizados e papel de parede. Todos os amadores que em suas viagens tiraram boas fotografias de lugares incríveis (paisagem, praias e montanhas) podem expor seu talento ao mundo na seção "Meu Momento Kodak", uma exposição virtual cujos trabalhos são selecionados por uma comissão julgadora e nela permanecem por tempo indeterminado.

Por sua vez, a divisão profissional da Kodak, na seção Soluções de Negócios, atende fotógrafos comerciais, fotojornalistas, publicitários, estúdios fotográficos, fotógrafos de todos os tipos de evento social, e fotógrafos e empresas que buscam soluções digitais na captura, manipulação e impressão de imagens via computador. As páginas

"Filmes", "Papéis Fotográficos", "Fotoquímicos" e "Produtos Digitais" oferecem e descrevem ampla gama de filmes da linha profissional, enquanto a página "Publicações Técnicas" divulga informações sobre cuidados na armazenagem e no processamento dos produtos profissionais Kodak.

O fotógrafo profissional tem a possibilidade de expor seu trabalho na Galeria Virtual do site, com temáticas como "Bichos do Brasil", desenvolvida pelo fotógrafo Araquém Alcântara (http://www.kodak.com.br/BR/pt/fotografia/galeriaFotos/tearaquem1.shtml), apontado pela crítica como o mais importante fotógrafo da natureza brasileira na atualidade. No período de 11 anos, Araquém percorreu todos os parques nacionais brasileiros para produzir sua mais ambiciosa obra: *Terra Brasil*, editada pela DBA-Dórea, Books and Art e Editora Melhoramentos. O livro, hoje na quarta edição, é o primeiro registro visual dos parques nacionais brasileiros e tornou-se referência obrigatória nesse gênero de fotografia.

A página "Fale Conosco" permite a todos os usuários dos produtos e serviços Kodak enviar, via e-mail, suas perguntas e seus comentários para a empresa (ver Figura 4). Os consumidores e clientes corporativos podem ainda dispor do apoio de serviços de solicitação técnica, de contratos de serviços e de vendas de peças, além de suporte para a assistência técnica de câmeras fotográficas e as informações de telefones e e-mails do Centro de Informação ao Consumidor (CIC), do Centro de Suporte ao Cliente (CSC) e do escritório de São José dos Campos (SP) da Kodak brasileira.

O canal direto e ágil da página "Fale Conosco" possibilita ainda aos usuários dos produtos Kodak e aos visitantes colaborar para a contínua melhoria do site com o envio de sugestões de outros assuntos, temas e seções que o usuário gostaria de ver em suas diversas seções e páginas.

Os Centros de Informação e de Suporte ao Cliente prestam esclarecimentos sobre situação de pedidos, promoções, preços, prazos de entrega, além de coordenar a solução de eventuais problemas relacionados à entrega de produtos. Também informam sobre produtos e serviços da Kodak, orientam sobre seu uso, indicam onde encontrar determinados produtos, enviam folhetos sobre filmes, câmeras, fotoquímicos e equipamentos, encaminham eventuais reclamações aos setores envolvidos e registram sugestões dos consumidores. O suporte aos clientes é dado por telefone, carta e fax.

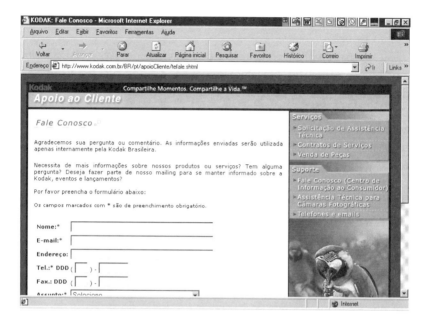

Figura 4   A interatividade do site da Kodak brasileira permite que, na seção "Fale Conosco", os consumidores e clientes da empresa enviem suas perguntas e seus comentários, dispondo assim de um canal de comunicação direto com a empresa.

A Assistência Técnica Kodak coloca ao dispor dos clientes corporativos um corpo de engenheiros de campo treinados e experientes nos equipamentos e sistemas fabricados pela empresa; de especialistas que, ao lado dos engenheiros de campo, formam uma equipe de apoio aos clientes; e de especialistas regionais e gerentes de serviços de campo que fornecem suporte aos engenheiros e diretamente aos clientes para solucionar os problemas mais complexos, que podem ser acionados por um número de telefone gratuito. Os engenheiros de campo possuem pagers que dinamizam a comunicação e retornam as chamadas telefônicas dos clientes no prazo máximo de duas horas, para combinar a hora e a data da visita.

A seção Produtos e Serviços põe à disposição um mecanismo de busca que acessa o site da Kodak norte-americana e facilita as buscas de produtos e serviços aos usuários que dominem o idioma, por meio de um sistema que localiza informações técnicas a respeito dos produtos e serviços, bem como permite o download de drivers e softwares de todos os equipamentos fabricados pela Kodak.

Na mesma seção, as páginas de FAQ estão organizadas em tópicos sobre os assuntos mais comuns – produtos advantix, produtos de imagem para a saúde, impressoras coloridas, projetores, scanners, produtos gráficos, câmeras digitais automáticas, câmeras digitais profissionais, software e produtos fotoquímicos –, que cobrem em detalhes a linha de produtos e serviços da companhia.

11 Desenvolvendo Relações com os Investidores na Web

A Internet começou como uma única rede de computadores destinada a dividir informação entre diferentes locais. Decorridos pouco mais de 30 anos, a rede mundial continua a ser uma extraordinária ferramenta para coleta e distribuição de informações. Este capítulo mostra que as relações públicas podem assumir fundamentalmente o propósito de informar os investidores e demais audiências do mercado financeiro e, no final, comenta as oportunidades que o site oferece para que o profissional de Relações Públicas desenvolva o relacionamento com públicos e realize a vocação natural da Web para o tratamento e a distribuição da informação.

Relações públicas e os investidores

Entre outros efeitos, a globalização levou importantes e sofisticados investidores a procurar negócios em todo o mundo. Os grandes fundos de pensão dirigem seus investimentos para os locais onde seus administradores percebem as maiores oportunidades, seja na Europa, na América Latina ou na Ásia.

Os investidores representam um valioso público de relações públicas para as companhias de capital aberto, que precisam construir e manter um relacionamento positivo e produtivo que contribua para criar um clima de confiança na empresa, favorecendo assim o investimento continuado em suas ações. Como vimos, outro objetivo básico das relações públicas é garantir que as demais audiências deste público – analistas financeiros, bancos, fundos de pensão, instituições financeiras e consultores – estejam devidamente informadas e recomendem a compra das ações da companhia aos grandes e pequenos investidores.

Um programa de relações com o investidor bem planejado e executado facilita o processo de comunicação. De um lado está a comunidade financeira precisando de informação precisa e a tempo para tomar a melhor decisão. Do outro lado está a companhia com fatos e números que precisam ser combinados de maneira lógica e persuasiva para convencer os investidores de que o futuro da empresa é seguro. (Caywood, 1997: 109)

As relações com investidores têm se transformado e crescido na mesma medida do tamanho, do poder e da sofisticação da comunidade financeira, como se pode observar no mercado norte-americano. Há menos de 45 anos, os compradores individuais eram os proprietários de 95% das ações e dos títulos em custódia, uma situação que mudou a partir de 1991, quando as instituições financeiras passaram a deter a posse de mais da metade das ações vendidas nas principais bolsas de valores. Essa nova realidade exige do profissional de Comunicação possuir um profundo conhecimento da comunidade financeira internacional e saber que mensagens a empresa deve dirigir para informar e persuadir as suas audiências.

No caso das organizações beneficentes ou sem fins lucrativos, explicam Sherwin & Avila (1999: 5), seus investidores são os que fizeram ou ainda fazem doações. Assim, todo doador está interessado em saber como seu dinheiro está sendo empregado. Para isso, ele quer ver os relatórios financeiros, conhecer as histórias de sucesso e, naturalmente, receber as demonstrações de gratidão e de reconhecimento que lhe são devidas.

Construindo relações com investidores no site

O conteúdo e o formato das informações a serem dirigidas no site ao público de investidores podem ser decididos com base na resposta a um *checklist* formulado por Holtz (1999: 146):

1. A sua empresa é de capital aberto ou privada? Se ela for uma companhia de capital privado, o interesse pela informação financeira será muito limitado e a audiência será muito pequena para justificar a presença de um programa de relações com investidores.
2. Se a sua empresa for privada, você está considerando fazer uma oferta pública de ações para a abertura do capital? Neste caso será de vital importância começar logo a divulgar a qualidade de sua companhia como investimento, usando como uma das formas o site de relações com investidores.
3. Que documentos de informações financeiras são mais solicitados de sua empresa?
4. Quais são os objetivos a serem adotados nas suas relações com os investidores? Você está tentando atrair mais investidores individuais? Investidores institucionais, como os fundos de pensão? Você está tentando reter investidores institucionais, cada vez mais atraídos pela opções de diversificação dos seus portfólios?
5. Como as suas diversas audiências de investidores vão buscar a informação? Como você pode fazer o cruzamento de dados para tornar a busca de informações tão fácil quanto possível?
6. A atual saúde financeira de sua empresa está boa ou não anda muito saudável? Como você pretende posicionar o investimento em sua companhia para a comunidade financeira em face de seu desempenho? (Por exemplo, se ela tem tido um desempenho fraco, o foco poderia ser dado aos planos de crescimento de longo prazo.)
7. Que problemas e controvérsias sua companhia tem enfrentado atualmente nos seus negócios e atividades e como elas podem ter um impacto, positivo ou negativo, no valor financeiro de sua empresa?

A comunidade financeira é uma das mais bem informadas e está intensamente conectada às mais diversas fontes de dados. Dos analistas de investimentos até os gerentes de investimentos das grandes instituições financeiras, todos mantêm em suas mesas computadores que fornecem on-line cotações de ações, relatórios de rendimentos e notícias do mundo dos negócios.

Existe muita coisa a ser feita na Internet para promover uma empresa como um investimento sólido. Mesmo que a companhia queira limitar sua presença a um simples relatório anual na seção de relações com os investidores do seu site, pelo menos ele deve ser útil para as diferentes audiências do mundo financeiro e ainda servir para firmar entre eles a imagem da empresa como um investimento valioso.

Inúmeros relatórios anuais publicados na Web conservam a forma original: um livro com capa, produzido de maneira linear e disponível para download no site. Assim, qualquer investidor interessado, analista ou acionista pode baixar o arquivo e ler o manual como se tivesse o livro original em suas mãos. Essa opção deve ser mais bem examinada, por suas desvantagens, como o de tempo necessário para baixar os arquivos e a incompatibilidade do formato impresso para leitura na tela do computador.

Alguns profissionais de Relações Públicas acreditam que faz mais sentido usar a Web como um veículo para publicar os trechos de maior interesse do relatório anual da companhia. Entretanto, a vocação da rede mundial para a informação recomenda a existência de links que conduzam a diferentes níveis de informação, com dados cada vez mais detalhados. Assim, o usuário pode procurar e extrair do site exatamente os dados que ele quer.

Diante dessas questões, Holtz (1999: 141) aconselha que a publicação do relatório anual de atividades no site observe algumas regras básicas. A primeira é o uso da linguagem HTML em vez do formato PDF. Como vimos, HTML, ou Hypertext Markup Language, é um código padrão que pode ser visto em qualquer browser, enquanto PDF, ou Portable Format Document, é um software produzido pela Adobe Acrobat que só pode ser visto por quem possui instalado em seu computador o programa leitor da Adobe.

A segunda regra é começar com uma informação geral (com uma representação visual dos dados adequada à tela do monitor do computador) e fornecer gradualmente mais níveis detalhados de informação. Como terceira regra, os caminhos para os dados têm de basear-se nos caminhos que a audiência do site pode tomar. Portanto, deve ser ignorado o antigo formato linear do relatório impresso.

Deixar de lado as ilustrações de arte que sem dúvida valorizaram a versão escrita é a quarta regra. Entretanto, na Web as pessoas procuram basicamente pela informação – em particular quando os usuários estão em busca de informações financeiras. A quinta regra é curta e simples: manter o relatório anual atualizado no site. A Web é a mídia da instantaneidade e pede que as informações e os dados prestados aos internautas sejam os mais recentes.

O site pode proporcionar outras maneiras de servir os investidores com esclarecimentos úteis. As informações mais solicitadas no dia-a-dia ao setor da empresa encarregado das relações com os acionistas podem ser oferecidas no site como um serviço adicional. A publicação dos dados on-line pode permitir que os membros da comunidade financeira consultem as informações no próprio site e, assim, diminuir o volume de solicitações por telefone ou pelos Correios para o departamento de relações com investidores.

O site pode ainda publicar documentos legais relacionados com o setor financeiro ou informar recentes aquisições e os planos de crescimento da companhia. Mesmo um dado quase obscuro pode ser exatamente a informação que um analista talvez esteja procurando antes de fazer uma recomendação de compra de ações da empresa.

Estudo de caso de relações com os investidores

Segundo maior banco privado do país, o Banco Itaú S.A. administra recursos estimados em R$ 57,3 bilhões e possui cerca de 3.189 pontos-de-venda e uma carteira com 12,6 milhões de contas correntes e 8,3 milhões de contas poupança. Organização estritamente direcionada para o negócio bancário e seus correlatos, a empresa foi apontada na pesquisa conduzida pela MZ Consult em 2000 como primeira colocada entre os sites de relacionamento com investidores.[1]

---

1. A pesquisa "Os Melhores Websites Brasileiros de Relações com Investidores" foi feita pela primeira vez em janeiro de 2000, apenas com empresas que tinham lançado American Depositary Receipts (ADRs) em Wall Street ou então às que estavam se preparando para isso, limitando o universo a 35 companhias. Esta segunda edição, realizada no segundo semestre de 2000, abriu a possibilidade de todas as empresas de capital aberto participarem e 88 empresas fizeram sua inscrição. A análise da MZ Consult considerou os seguintes critérios na avaliação dos sites: conteúdo e profundidade das informações financeiras, qualidade do design e da navegabilidade, tecnologia e manipulação de dados, interatividade com o visitante, velocidade de resposta na disseminação de informações importantes, flexibilidade do idioma e da moeda (Perrone, 2000: 25).

O presidente do Banco Itaú, Roberto Setúbal, revela logo na página de abertura da seção de Relações com Investidores a intenção de total transparência da empresa com a comunidade financeira: "Faz parte da nossa filosofia aprimorar as informações ao mercado, ao Banco Central, à CVM e ao investidor. A política de disclosure permite mostrar o que não aparece no balanço" (http://w13.itau.com.br/itauri/port).

Os sites de Relações com Investidores apresentam-se como o melhor meio de comunicação com a comunidade financeira ao utilizar

> a força da Internet para informar os investidores sobre tudo o que eles possam querer saber a respeito dos negócios da companhia, seu desempenho financeiro, história, perspectivas, competição e cultura. Esses sites propiciam fácil acompanhamento da empresa por meio de eventos regulares transmitidos via Internet (Webcasting), FAQs e e-mail. Para auxiliar investidores a encontrar a informação desejada e novidades, eles também oferecem janelas de procura, alertas por e-mail e calendário de eventos futuros. (MZ Consult, 2000)

A estrutura da área de Relações com Investidores do Banco Itaú deixa disponíveis dados também com versões em inglês e espanhol. Os arquivos de informações financeiras cobrem dados dos últimos cinco anos e, quando pertinente, as informações são constantemente atualizadas. O usuário tem no site recursos que permitem manipular a informação on-line mediante ferramentas analíticas, de personalização (linguagem e moeda) e de modelagem.

"Cotações On-Line", por exemplo, é atualizada minuto a minuto. "Itaú no Mercado de Ações" apresenta indicadores da evolução do investimento, das ações Itaú, de dividendos e um glossário de termos técnicos do mercado financeiro e de ações. "Comunicados" informa os acionistas sobre dividendos, bonificações, reuniões do Conselho de Administração, premiações, aquisições e projetos da empresa, além de reproduzir o seu Estatuto Social.

"Itaú no Mercado de Ações" faz um histórico dos dividendos unitários pagos e orienta nos serviços prestados, como alteração de dados cadastrais, posição acionária, compra e venda de ações. A seção indica os responsáveis e os endereços das centrais de atendimento em Belo Horizonte (MG), Brasília (DF), Curitiba (PR), Porto Alegre (RS), Rio de Janeiro (RJ), Salvador (BA) e São Paulo (SP), além de deixar à disposição os números da Central de Atendimento Telefônico do Banco.

"Principais Indicadores" resume para os interessados as principais informações quantitativas e financeiras a respeito da evolução da *performance* do Banco Itaú. O panorama geral dos resultados, da *performance* em bolsa e da dimensão do Banco – expresso pelo número de contas correntes, de funcionários e da rede de atendimento – pode ser baixado por meio de um arquivo em Excel. "Demonstrações Contábeis" alinha os dados completos ou por trimestre, oferecendo até mesmo o balanço do Banco Itaú nos padrões norte-americanos.

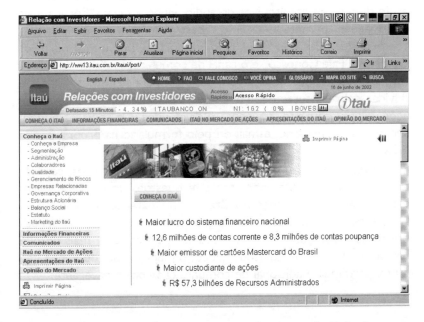

Figura 5 A página "Conheça o Itaú" da seção de Relações com Investidores do Banco Itaú S.A. (http://www.itau.com.br/ri/index2.htm) apresenta dados institucionais selecionados segundo interesse dos públicos da comunidade financeira.

O site publica o Relatório Anual, no formato HTML, e, trimestralmente, divulga o Relatório de Relações com Investidores, que tem por objetivo principal dar informações completas e detalhadas sobre as operações do banco, bem como de suas controladas, no formato PDF. "Conheça o Itaú" é o espaço institucional, mas suas informações estão direcionadas para o interesse da comunidade financeira (ver Figura 5). "Opinião do Mercado" reúne as matérias produzidas pelos mais diversos órgãos da imprensa a respeito do Banco Itaú e de suas atividades. As classificações de risco e de rentabilidade das operações do banco, fornecidas por conceituadas instituições e organismos financeiros internacionais, são também publicadas.

"Teleconferência" é o espaço de *conference call*, com apresentações multimídia referentes aos dois trimestres imediatamente anteriores. As teleconferências destinadas aos analistas do mercado de capitais do Brasil e do exterior, transmitidas via telefone e Internet, estão disponíveis em arquivos de áudio, vídeo e *slides*. "Receba mais Informações" permite ao usuário cadastrar-se para receber informações consideradas relevantes pelo Banco Itaú, por e-mail ou pelos Correios. "Fale Conosco" é o canal de comunicação direto dos clientes, acionistas e investidores com o banco, para sugestões, críticas e dúvidas sobre assuntos como fundos de investimento, cotação de ações, conta corrente, poupança e dividendos. Os contatos podem ser por carta, telefone, e-mail ou pelo formulário na própria página do site.

"Eventos Programados" é uma agenda de congressos, seminários e teleconferências sobre temas e questões do mercado financeiro, cobrindo atividades no Brasil e no exterior. Finalmente, o "Mapa do Site" facilita a navegação ao mostrar todas as seções principais e secundárias e como elas se ligam entre si. Mais do que um diagrama puramente esquemático, o mapa do site do Banco Itaú é uma ferramenta adicional de comunicação com o navegante.

12 Desenvolvendo Relações com a Comunidade na Web

O cenário em que as empresas operam tem passado por significativas alterações desde os anos 70. Agora, as comunidades exigem que as companhias observem novas normas de comportamento, como respeito ao meio ambiente, resposta às demandas dos moradores em uma comunidade e apoio a instituições comunitárias. Este capítulo expõe um conceito multifacetado de comunidade e discute os objetivos e propósitos de relações públicas que podem ser adotados nas relações com as comunidades onde operam as empresas e suas unidades operacionais. No final apresentam-se técnicas e recursos para que os profissionais de Relações Públicas promovam no site o adequado relacionamento com a comunidade e suas variadas audiências.

Relações Públicas e a comunidade

Como vimos no Capítulo 1, uma das atividades específicas de Relações Públicas refere-se à promoção de maior integração da instituição na comunidade. Os profissionais de Relações Públicas dirigem parte de seus esforços para atingir as pessoas que vivem, trabalham e criam suas famílias nas áreas em torno das instalações de empresas, as quais incluem não apenas a sede, mas também escritórios regionais, fábricas, refinarias, unidades de vendas e de distribuição e qualquer outra locação onde empregados da companhia façam negócios.

149

Uma comunidade é multifacetada e suas audiências foram classificadas em diferentes categorias por Holtz (1999: 157-8), das quais extraímos seis tipos mais condizentes com a realidade brasileira: a comunidade em geral, as pessoas que vivem próximas das unidades operacionais, as instituições de ensino, as organizações comunitárias, as instituições filantrópicas e as audiências especiais.

A comunidade em geral. São todos os que vivem em determinado município, área ou região influenciada pela presença de unidades de operação da companhia. O impacto da sua atuação na comunidade é basicamente de natureza econômica: a empresa recolhe taxas e impostos na comunidade, os salários pagos a seus empregados são absorvidos na economia local, e a empresa e seus funcionários compram produtos e serviços de fornecedores e lojistas locais. Tempos difíceis e adversos para os negócios da companhia podem acarretar períodos complicados também à comunidade.

O conceito de comunidade pode ser ampliado e entendido como qualquer setor – um povoado, uma cidade, um distrito ou até mesmo um país – constituído por características próprias e comuns a seus constituintes, a exemplo da língua, da religião, da conduta, da tradição e dos costumes. Para Nielander (1973: 75), a verdadeira comunidade é formada "pela dedicação a interesses e propósitos comuns, pela capacidade de trabalhar de forma conjunta aqueles assuntos que encerram uma grande importância para a vida em si".

As pessoas que vivem próximas das unidades operacionais. Elas vão sentir o impacto direto da construção de uma fábrica no bairro, do aumento nos níveis de emissão de resíduos industriais ou da maior intensidade no tráfego de veículos nas proximidades.

As instituições de ensino. A comunidade educacional vai procurar envolver a empresa, buscando receber a doação de equipamento didático ou até mesmo tendo a presença de funcionários nas classes, como a do geólogo da companhia em uma aula sobre geologia.

As organizações comunitárias. O Lions Club, o Rotary e a Associação de Escoteiros podem esperar o envolvimento da empresa com apoio financeiro ou a participação dos seus funcionários nas reuniões e em campanhas cívicas.

As instituições filantrópicas. As associações beneficentes e de caridade existentes na comunidade têm a expectativa de receber ajuda da empresa para suas causas, tanto por meio de contribuições financeiras quanto do trabalho voluntário de seus funcionários.

As *audiências especiais*. Caso a unidade da empresa esteja localizada em uma região rural, os fazendeiros constituem uma audiência especial a ser considerada pelos profissionais de Relações Públicas em suas ações comunitárias.

Para uma companhia ser julgada um bom vizinho em qualquer comunidade, ela tem de perseguir três estratégias: construir relações permanentes e duradouras com pessoas, grupos e instituições da comunidade; instituir procedimentos que antecipem e respondam às expectativas e à necessidade da comunidade; e desenvolver programas de relações com a comunidade que focalizem a promoção e o fortalecimento da qualidade de vida da comunidade e, além disso, ofereçam apoio aos objetivos comerciais da empresa.

As relações positivas de uma companhia com a comunidade também afetam o comportamento de consumidores e empregados. Os consumidores preferem comprar produtos de empresas que se envolvam com a comunidade, enquanto os empregados são atraídos para o trabalho em companhias com boa reputação em sua comunidade.

Uma nova empresa-cidadã

Os programas comunitários obedecem a um raciocínio extremamente simples: a empresa deve devolver alguma coisa à sociedade da qual ela obtém seus lucros. Portanto, as comunidades onde se localizam ou estão sediadas uma companhia e suas subsidiárias devem receber compensações pelo envolvimento da empresa na ajuda para a solução de problemas sociais e econômicos. A prática da cidadania é boa para as relações públicas e estas são boas para os negócios, como demonstra Harris (1998: 25) com uma história acontecida nos Estados Unidos:

Em 1992, na cidade de Los Angeles, o motorista Rodney King foi agredido e espancado por policiais, em um incidente gravado em videoteipe e transmitido pela TV a milhões de pessoas. O julgamento terminou com a absolvição dos policiais e gerou uma onda de violentos tumultos causada por turbas revoltadas com o veredicto do júri. O saldo final foi calamitoso, com

52 pessoas mortas, mais de 2 mil prédios destruídos e cerca de US$ 1 bilhão em prejuízos a propriedades. Enquanto outras lojas e restaurantes arderam em chamas, nenhum dos 30 restaurantes McDonald's localizados na área dos distúrbios foi sequer tocado. A razão: o McDonald's tinha sido há muito tempo um cidadão visível, compromissado e envolvido com a comunidade naquelas vizinhanças de Los Angeles.

O conceito de "empresa-cidadã" é cultivado pelas companhias por duas razões principais. Em primeiro lugar, os empresários perceberam que uma excelente forma de evitar a regulamentação de seus negócios e de suas atividades pelo governo consiste em tomar a iniciativa e exercitar voluntariamente seu senso de responsabilidade social. Muitas empresas reconhecem que, se elas não tratarem de maneira justa seus funcionários, se não fabricarem bons produtos e ainda não fizerem esforços para resolver certos problemas sociais, o governo baixará mais leis e regulamentações restritivas, naturalmente reagindo a uma pressão da sociedade. A história mostra que as atividades comerciais e industriais têm sido regulamentadas na exata proporção de seus abusos, concluem Wilcox, Ault & Agee (1989: 360).

A segunda razão para o crescimento do espírito de cidadania das empresas é a constatação de que elas só podem crescer e prosperar em uma sociedade sadia. O envolvimento das companhias na solução de problemas locais e no suporte a associações comunitárias não apenas melhora a qualidade de vida como resulta na conquista do apoio e da simpatia por parte da comunidade. Várias iniciativas comunitárias são fatos ou ações que geram cobertura da imprensa e capitalizam atitudes favoráveis de toda a sociedade em favor da empresa que as adote.

Construindo relações com a comunidade no site

A Internet pode ajudar as empresas a atingir audiências específicas em suas relações com a comunidade, engajando-as em uma comunicação direta e simétrica. No caso de projetos comunitários cuja operacionalização atinja a vida das comunidades na execução de grandes obras em centros urbanos e núcleos rurais e em programas de educação que envolvam saneamento, saúde e meio ambiente, a própria natureza da rede mundial favorece a adoção das diretrizes que Maria Aparecida de Paula e Ana Luísa de Castro Almeida (em Kunsch, 1997: 218-9) sugerem para a informação e orientação de comunidades: ótica das pessoas, intencionalidade, agilidade, continuidade e permanência, unidade e tratamento personalizado.

Ótica das pessoas. Considerar e respeitar a ótica dos públicos atingidos pelo projeto é o primeiro princípio a ser observado num processo com comunidades, além de ser esta a essência da comunicação – *tornar comuns conceitos, entendimentos e experiências.* Neste sentido, o ponto de partida é conhecer, antes do início do trabalho, as necessidades e expectativas da comunidade, usando metodologias de diagnóstico, que permitam a identificação precisa de suas expectativas e demandas. Ao longo da condução do projeto, esta diretriz deve ser cuidadosamente observada, mantendo-se o diálogo com os públicos e desenvolvendo postura de abertura das equipes técnicas para ouvir anseios e reclamações e nunca permitir que os problemas reais das pessoas, decorrentes de interferências do projeto, sejam ignorados ou minimizados.

Intencionalidade. O programa deve ser iniciado como decisão política dos empreendedores, contando efetivamente com o comprometimento dos seus dirigentes. Isto é particularmente importante porque muitas vezes as demandas das comunidades exigem ações que extrapolam a comunicação como adoção de tecnologias e procedimentos não considerados no projeto inicial, alterações em ritmo e horários de trabalho e outras.

Agilidade. Esta é outra diretriz básica de um programa com comunidades. É preciso agir com rapidez e senso de oportunidade no retorno a reivindicações e solicitações, com os empreendedores antecipando-se muitas vezes a situações que fogem do escopo do projeto, para informar ou forçar referências diante de públicos específicos, de forma a evitar rumores e mal-entendidos que comprometam o relacionamento com a comunidade.

Continuidade e permanência. Este é um pressuposto em qualquer programa de comunicação, que adquire peso no caso de projetos comunitários, na medida em que a relação com as pessoas é direta e cotidiana. Neste sentido, é preciso evitar ações isoladas e mantê-las de maneira continuada, não interrompendo o processo, para que a comunidade possa ter elementos para confiar no projeto.

Unidade e tratamento personalizado. A abordagem de comunicação deve ter um *eixo* que lhe assegure unidade, além da sintonia com a ótica da comunidade. Da mesma forma, a grande diferença de um programa na linha aqui proposta está no direcionamento máximo da comunicação, dispensando-se um tratamento respeitoso, coloquial e personalizado aos diferentes grupos e procurando tratar caso a caso as situações ao longo do desenvolvimento do projeto. Enfim, trata-se de adotar e manter uma atitude de real disponibilidade para atender e ouvir pessoas, de dialogar com elas.

O relacionamento com a comunidade na Internet pode ter inúmeros e diversificados propósitos. Adotando o importante objetivo de granjear o apoio da comunidade como um todo, por exemplo, o site da empresa pode publicar o relatório das ações desenvolvidas em determinado período ou cobrir todos os investimentos realizados pela companhia em educação, artes, cultura, meio ambiente e saúde.

A seção de relações com a comunidade pode também estimular membros das diversas audiências a subscrever o serviço de mailing list da empresa para receber notícias de interesse da comunidade, como planos de expansão, oportunidades de emprego, programação de eventos artísticos e culturais locais. Uma newsletter distribuída via e-mail que anuncie, por exemplo, a construção de uma nova unidade fabril da companhia, pode estimular a compreensão e a paciência da comunidade para eventuais transtornos causados na fase da edificação. Quanto mais a empresa se comunicar com a comunidade, mais seus membros vão apreciar e reconhecer seu interesse por eles e por seu bem-estar.

Os tradicionais *open days*, dias de visita franqueados ao público em geral para propiciar um contato mais próximo com a empresa, podem ser divulgados no site. Outro recurso possibilitado pela Web é uma visita virtual às instalações da fábrica na própria seção de relações com a comunidade, que pode então ser feita todos os dias, por 24 horas.

Estudo de caso de relações com a comunidade

Em 1913, o presidente Hermes da Fonseca autorizou a The Anglo Mexican Petroleum Products Company a operar no Brasil. De seu depósito de óleos na Ilha do Governador – o primeiro do país –

os produtos Kerosene Aurora e a gasolina Energina eram distribuídos inicialmente em lombo de burro.

Hoje, com a denominação Shell Brasil, ela é uma das companhias do Grupo Shell, multinacional que atua em cerca de 120 países. Terceira maior empresa privada brasileira, com atuação nas áreas de Óleos e Químicos, a Shell Brasil apresenta um faturamento de cerca de US$ 4 bilhões e tem US$ 800 milhões de patrimônio líquido. A companhia abastece 20% do mercado nacional de derivados de petróleo e colabora na geração de 62.830 empregos, sendo 2.130 diretos, 1.700 em empresas associadas, 5 mil nas empresas contratadas e 54 mil nos postos de serviço.

O site da Shell Brasil (http://www.shell.com.br) na Web é denso em informações, que cobrem o interesse de seus mais diversos públicos e são apresentadas em 12 seções: Sobre a Shell, Shell Global, Contato, Negócios da Companhia, Produtos e Serviços, Recursos Humanos, Esportes, Meio Ambiente, Exploração e Produção, Notícias e Arquivo, Informações de Paulínia e Desenvolvimento Sustentável.

Na visão da Shell, a contribuição a áreas sociais prioritárias é dever empresarial, como retorno da empresa à sociedade que adquire sua produção. A Shell Brasil utiliza seu site para demonstrar a prática contínua dessa filosofia de trabalho, informando e divulgando seus investimentos e suas atividades voltadas à participação social, à cultura e à preservação do meio ambiente. As páginas que atestam a vocação social da empresa e reforçam sua preocupação com o bem-estar das comunidades onde atua se repetem e permeiam quase todas as seções do site: "Institucional", "Shell na Sociedade Brasileira" e "Participação Social" (na seção Sobre a Shell), "Nossos Princípios e Valores" (Recursos Humanos), "Política Ambiental", "Tecnologias de Conservação Ambiental" e "Atuação Externa" (Meio Ambiente), "Uma História de Respeito" e "Preservação Ambiental" (Exploração e Produção), "Fórmula 1", "Fórmula Indy" e "Motovelocidade" (Esportes), "Comunicação com a Comunidade" e "Fotos da Região" (Informações de Paulínia), "Princípios da Shell sobre o Desenvolvimento Sustentável", "Negócios e Desenvolvimento Sustentável" e "Entenda Mais sobre Desenvolvimento Sustentável" (Desenvolvimento Sustentável).

A seção Participação Social (ver Figura 6) do site aborda – nas páginas "Participação Social", "Nova Política de Investimentos Sociais da Shell Brasil", "Iniciativa Jovem", "Programas Comunitários", "Programas Culturais", "Voluntariado" e "Programa de Patrocínio 2002" – o compromisso das empresas do Grupo Shell com as comunidades nas quais atuam e divulga seus diferentes projetos sociais no Brasil. Logo na primeira página, a companhia enuncia seu credo e os princípios básicos adotados nas ações de parceria com a sociedade:

> Ninguém pode esperar simplesmente a chegada do futuro. Para que as coisas aconteçam amanhã, é preciso investir hoje. É nisso que a Shell acredita. E, por isso, trabalha na construção de uma realidade melhor.
>
> Há 86 anos a Shell cresce junto com o Brasil contribuindo para o desenvolvimento nacional, gerando empregos e implantando novas tecnologias. No entanto, a Shell acredita que sua contribuição pode ser ainda maior. As empresas do Grupo Shell tradicionalmente mantêm relações estreitas com as comunidades nas quais atuam. Ao longo dos anos, a Shell Brasil vem assumindo crescentes parcerias com a sociedade. A atuação social integra os princípios da Shell Brasil, que reconhece a necessidade de uma participação contributiva na sociedade e nas comunidades onde seus produtos são fabricados e comercializados e onde vivem seus funcionários.

Na página "Nova Política de Investimentos Sociais da Shell Brasil" (ver Figura 6), a empresa anuncia a reestruturação de sua política de investimentos sociais no país, nas áreas prioritárias de programas comunitários, projetos ambientais e cultura, visando adequá-la às demandas da sociedade brasileira.

> Seguindo uma tendência global e inovadora, a Shell está promovendo uma reestruturação de sua política de investimentos sociais no país, visando adequá-la ainda mais às expectativas da sociedade brasileira. Para tanto, pretende aumentar sua participação em projetos voltados à comunidade e ao meio ambiente. O objetivo é reforçar o comprometimento do Grupo Shell com o desenvolvimento sustentável, apoiando projetos que tenham esse perfil.
>
> A iniciativa de contemplar um maior número de setores sociais com uma distribuição mais abrangente de investimentos já vem sendo adotada pela empresa em vários lugares do mundo. A Shell pretende continuar investindo

em cultura, meio ambiente, educação e programas comunitários, sendo que uma ênfase maior será dada a estes dois últimos mediante projetos de capacitação para o trabalho e geração de renda de forma sustentada.

Alguns exemplos no Brasil dessa nova filosofia são o projeto Ostras de Cananéia – pelo qual recebeu o Prêmio Eco na categoria Educação/Preservação Ambiental de 1999 –, e a Cia. Luar de Dança, que visa disseminar a dança em comunidades carentes, na Baixada Fluminense, envolvendo aproximadamente 500 alunos, como forma de possibilitar a sua inclusão numa atividade sociocultural e resgatar sua auto-estima.

Antes de efetuar esta mudança, a Shell consultou vários formadores de opinião para verificar quais as principais prioridades do Brasil. As respostas serviram para orientar a empresa na redistribuição de seus investimentos para as áreas mencionadas.

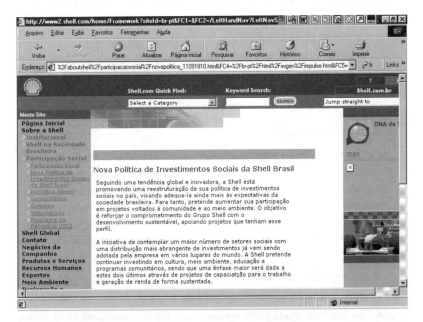

Figura 6   A página "Nova Política de Investimentos Sociais da Shell Brasil" informa a filosofia dos programas educativos, filantrópicos e culturais voltados para as comunidades onde a empresa está presente, comunicação que atinge as próprias comunidades e outros públicos formadores de opinião.

Desta forma, a Shell estará investindo nas seguintes áreas:
- *programas comunitários* voltados para o ensino profissionalizante e estímulo à geração de renda,
- *projetos ambientais* envolvendo educação ambiental que se traduz em trabalhos realizados diretamente nas comunidades, seja de aulas nas escolas ou mobilização da comunidade,
- *cultura* através do Prêmio Shell de Teatro, do Prêmio Shell de Música, do patrocínio às produções teatrais e ao cinema pela Lei do Audiovisual.

Ainda na seção Participação Social, a página "Comunitários" reafirma que "a Shell está sempre investindo em gente. Para isso, apóia projetos que garantem a *formação profissional* e o resgate da *cidadania* em populações carentes, além de colaborar em programas de *assistência social* (pelo Fundo da Infância e do Adolescente) e de *atuar* diretamente na comunidade. Iniciativas que geram oportunidades para quem quer crescer".

A página "Formação Profissional" divulga o apoio da Shell a instituições que atuam com diversos projetos em comunidades carentes, por meio da oferta de cursos de profissionalização ou de reciclagem.

Fundação São Cipriano

O Centro de Integração Social Através do Trabalho (Cisat) é mais uma instituição que recebe apoio da Shell para o desenvolvimento de seus projetos, que visam a formação profissional de jovens residentes em comunidades carentes. Ali, são oferecidos cursos em diversas especializações, como corte e costura, cabeleireiro, manicure, datilografia e técnica de *silkscreen*. Mais de 300 jovens são beneficiados anualmente com esse projeto.

Ação Comunitária do Brasil

O apoio da Shell à Ação Comunitária do Brasil (ACB) data de 1983. A ACB é uma entidade criada por empresários do Rio de Janeiro, em 1970, com o objetivo de reduzir a marginalização da população carente, preparando-a para o mercado de trabalho por meio de cursos profissionalizantes e de iniciação profissional. Em outra vertente, a ACB promove cursos de reciclagem profissional para atender pessoas desempregadas que buscam novas alternativas de fonte de renda. No total, cerca de 55 mil pessoas já foram beneficiadas pelos cursos oferecidos pela entidade.

O resgate da cidadania é o objetivo maior do Projeto Luar, que ainda visa permitir que jovens e crianças de comunidades carentes da Baixada Fluminense tenham um contato mais próximo com a arte:

O Projeto Luar tem por objetivo disseminar a dança em comunidades carentes, na Baixada Fluminense. A idéia é incentivar a auto-estima dos jovens e das crianças daquela região – que tem sido marcada por altos índices de violência e criminalidade – e, ao mesmo tempo, possibilitar-lhes o contato com a arte. Tendo à frente a bailarina e coreógrafa Rita Serpa, o projeto reúne aproximadamente 500 alunos, entre 4 e 18 anos, orientados por 18 monitores, formados dentro do próprio grupo. O grupo possui também sua própria companhia de balé, que freqüentemente é convidada para apresentações em outros estados e este ano realizou uma turnê pela Itália.

A assistência social é a terceira área prioritária de atuação social da Shell, que colabora com diversos projetos de apoio a crianças portadoras do vírus HIV, pelo Fundo da Infância e da Adolescência (FIA). Esses projetos já beneficiaram estados como o Rio de Janeiro (Projeto Entre nessa onda, Casa de Apoio Viva Cazuza, Qualidade de Vida), o Espírito Santo (Projeto Casa Vida), o Pará (Paravida) e Santa Catarina (Atenção Psicopedagógica).

A Shell Brasil também estimula seus funcionários para o trabalho voluntário nas comunidades, seguindo uma tendência bastante atual. Em 8 de fevereiro de 2000, a empresa criou seu programa de voluntários, Saber Dividir, cuja proposta é extensamente divulgada na página "Voluntariado":

No dia 8 de fevereiro de 2000 a Shell Brasil lançou o seu programa de trabalho voluntário, chamado "**Saber Dividir**". O programa foi desenhado para atender a diferentes expectativas e disponibilidades de participação do funcionário.

A primeira iniciativa é a de contribuir nas campanhas de doações, que são feitas com periodicidade trimestral. Os temas das campanhas podem ser sugeridos pelos próprios funcionário no site do programa na Intranet.

Outra forma de participação é a de transmissão de experiência e conhecimento. Os voluntários são destacados para trabalhar como consultores em colégios e Organizações Não-Governamentais com as quais a empresa já tem parceria, para ajudá-las nas áreas em que estiverem precisando: gerenciamento, controles, organização, propaganda, divulgação, questões jurídicas, recursos humanos etc., ou em projetos específicos que estejam sendo desenvolvidos pelas ONGs. Um desses programas é o *Junior Achievement*, que pretende despertar o espírito empreendedor nos estudantes de 2º grau, orientando-os para que possam trabalhar em negócios próprios e microempresas, com noções de administração e autogestão.

Mais de 70 voluntários já estão inscritos no programa. Destes, 40 participaram como voluntários em 2000.

O apoio da Shell se dá não apenas na estruturação do programa, mas também na liberação dos voluntários por oito horas mensais para que eles possam se dedicar à sua nova atividade. Estas horas serão utilizadas de acordo com o perfil do trabalho e em acordo com a instituição beneficiada.

No lançamento do Saber Dividir foi enviado um convite a todos os funcionários divulgando a nova oportunidade de trabalho e aprendizado ("Quando a gente pensa que já sabe tudo, descobre que ainda falta Saber Dividir"). Além disso, o programa conta com um site na intranet, onde o funcionário se inscreve no programa, indicando suas habilidades, compartilha experiências, acompanha as campanhas trimestrais e sugere os novos temas de campanha.

Em agosto de 2000 foi criado um Comitê Organizador que é composto pelos próprios voluntários. Este comitê é dividido nos seguintes subgrupos: recrutamento e treinamento, projetos, comunicação e medição.

A seção Participação Social do site da Shell Brasil ainda publica a página "Cultura", que informa seus variados públicos sobre as ações de patrocínio desenvolvidas para uma comunidade mais ampla, formada por todos os que apreciam a arte, em especial o cinema, a música e o teatro.

O patrocínio da Shell ao cinema brasileiro teve início em 1996, possibilitado pela Lei do Audiovisual. O primeiro filme patrocinado, *Pequeno dicionário amoroso*, de Sandra Werneck, foi campeão de bilheteria, com 650 mil espectadores, e recebeu o troféu melhor longa no Festival de Verona, Itália. Depois, veio *A ostra e o vento*, de Walter Lima Jr., lançado em 1997 e que levou o Brasil de volta ao mais conceituado festival de cinema da Europa, o de Veneza. A lista de patrocínios inclui: *For all*, de Luiz Carlos Lacerda e Buza Ferraz, grande vencedor do Festival de Gramado em 97 e os futuros lançamentos: *Estorvo*, filme de Ruy Guerra, baseado no livro de Chico Buarque, e *Gêmeas* de Andrucha Waddington. A atual aliança com o cinema nacional revisita as origens do envolvimento entre a Shell e a cultura brasileira, que começou com a criação, há 56 anos, da Filmoteca Shell.

Por sua vez, a música popular brasileira é outra manifestação cultural que recebeu o apoio da Shell Brasil por meio do patrocínio de festivais que se tornaram históricos nos anos 70. A partir de 1981, o Prêmio Shell para a Música Brasileira tem sido entregue todo ano para homenagear grandes compositores pelo conjunto de sua obra. O troféu e um prêmio de R$ 15 mil são entregues no Rio de Janeiro, em noite de festa, com *show* do homenageado e artistas convidados.

No teatro, a Shell iniciou em 1983 o patrocínio que possibilitou até o momento a montagem de mais de cem espetáculos, em várias cidades do país. A partir de 1989 a companhia criou o Prêmio Shell de Teatro, para o Rio de Janeiro e São Paulo, que contempla, em cada cidade, nove categorias: autor, diretor, ator, atriz, cenógrafo, trilha sonora, iluminador, figurinista e categoria especial. As indicações são feitas por um júri de especialistas convidados. Os vencedores recebem premiação individual de R$ 3.500,00 e um troféu criado pelo escultor Domenico Calabroni.

# 13 Desenvolvendo Relações com o Governo e com os Legisladores na Web

Toda empresa está sujeita ao controle de algum organismo governamental regulador. Mesmo assim, em lugar de ser permanente, o diálogo entre o governo e o mundo empresarial é freqüentemente esporádico e mantido apenas quando o segundo precisa de um favor ou da atenção do primeiro. Este capítulo enfoca as características do governo e dos legisladores como públicos de Relações Públicas e expõe as estratégias e os recursos que podem ser empregados no site de uma empresa ou organização para construir e manter estáveis as relações entre ela e as audiências do público governamental.

Relações públicas, o governo e os legisladores

O público governamental é constituído pelos representantes do Poder Executivo, Poder Legislativo e Poder Judiciário, nas esferas federal, estadual e municipal. Podem ainda ser incluídas, como audiências do público governamental, os dirigentes e funcionários de autarquias e empresas estatais.

A tendência do governo em promover o controle do comércio e da indústria exige que as empresas ponham em prática medidas para assegurar boas relações com o governo. A principal delas consiste em interpretar "as políticas e práticas comerciais para o conhecimento do governo, legisladores e repartições administrativas, a fim de habilitá-los a uma melhor compreensão das operações comerciais. Quando os legisladores compreenderem a natureza essencial do comércio na vida nacional, far-se-á uma legislação comercial mais construtiva, regulamentos governamentais menos discriminatórios, e haverá menor concorrência do governo com as empresas privadas" (Canfield, 1970: 388).

A busca do entendimento entre o governo e as empresas tem de envolver uma comunicação transparente e constante, cuja premissa básica está no fato de que ambos devem aceitar e compartilhar sua responsabilidade social. Para Andrade (1986: 103),

> Antes de mais nada, porém, é preciso que se estabeleçam relações satisfatórias entre as organizações privadas e o governo, mediante uma atitude compreensiva e tolerante, em que haja o interesse manifesto de conhecer e acompanhar as atividades de cada um, em seus respectivos setores. E o meio mais eficiente para estabelecer essas relações é o contato pessoal direto.

Hoje, toda empresa mantém relações múltiplas e variadas com inúmeros órgãos da Administração Pública. Portanto, a companhia deve estar familiarizada com as funções do governo federal, estadual e municipal, e com as operações de suas agências e repartições legislativas, judiciárias e executivas, o que deve resultar em uma atitude menos crítica e mais construtiva em face da intervenção do Estado nos negócios privados. Na prática, os dirigentes das organizações privadas devem também estar informados sobre a legislação pertinente a seu ramo de negócios, novas leis, regulamentos, impostos e disposições regulamentares sobre concorrência.

A cooperação com o governo e com os legisladores na regulamentação adequada das atividades comerciais e na formulação de uma legislação construtiva pode evitar, em larga medida,

1) regulamentações onerosas, que superam as necessidades essenciais de proteção ao consumidor;
2) excesso de tributação, que discrimina, infringe multas e restringe a expansão das operações comerciais;
3) leis tarifárias que favorecem a concorrência estrangeira e prejudicam o comércio nacional;
4) concorrência crescente do governo com as empresas privadas;
5) leis que reduzem os dividendos de acionistas e interrompem o fluxo de capital indispensável à produção industrial;

6) concorrência protegida pelo governo, que se faz seu aliado para fins de legislação, impostos e controles discriminatórios. (Canfield, 1970: 389)

Entre os inúmeros objetivos que o profissional de Relações Públicas pode adotar nos programas de relações com o governo destacam-se:

- manter a diretoria da empresa informada dos principais acontecimentos no âmbito do Poder Executivo, do Poder Legislativo e do Poder Judiciário;
- coletar fatos e questões de interesse da companhia nas agências, nos departamentos e nas repartições federais, estaduais e municipais;
- encaminhar declarações a órgãos legislativos a fim de transmitir a posição ou esclarecer pontos de vista da empresa a respeito de projetos de lei;
- colher [e transmiti-las à administração] informações relativas ao escopo, ao efeito e às perspectivas da legislação, fazendo relatórios sobre o andamento de legislação no Congresso ou no legislativo estadual;
- informar e esclarecer o público em geral acerca de projetos de lei ou decisões jurídicas que afetem a companhia ou seus negócios, com o propósito de granjear a aceitação pública para as posições defendidas pela empresa;
- formular a política de uma organização ou associação com respeito a leis, projetos ou políticas públicas, em vigência ou em tramitação;
- informar e instruir legisladores sobre a importância econômica de uma empresa ou de um setor de negócios;
- entabular relações pessoais com legisladores e funcionários do governo federal, estadual e municipal, e discutir com eles as contribuições econômicas e sociais de determinada organização ou indústria;
- realizar pesquisas sobre disposições regulamentares, regulamentos e decisões que possam afetar determinada empresa ou certo ramo de atividade;

- preparar informações estatísticas e orientar dirigentes de organizações, associações e companhias que tenham de comparecer em audiências públicas; e
- subsidiar as repartições administrativas governamentais com informações que auxiliem a formulação ou efetivação de regulamentos que afetem determinada organização, empresa ou certo ramo de atividade.

Como vimos, os contatos podem ser feitos mediante entrevistas pessoais, que são simples, rápidas e econômicas, devido ao número limitado de funcionários do governo e legisladores. Entretanto, os representantes do governo podem também ser informados sobre as operações e atividades de uma empresa ou organização por meio de comunicados publicados em jornais e revistas ou anunciados em emissoras de rádio e de televisão.

Construindo relações com o governo no site

Tradicionalmente, as relações com representantes do governo e legisladores vêm sendo feitas por contatos pessoais e por folhetos, revistas empresariais, relatórios e outras formas de impressos que descrevem as operações e os problemas de uma organização. Por sua vez, o noticiário na mídia e a publicidade no rádio, na TV, em jornais e revistas são as formas indiretas de informação com as audiências dos governos federal, estadual e municipal.

A Internet é útil para fomentar relações com o governo, mas não apresenta a mesma abrangência de quando é empregada em ações de relações públicas dirigidas a outros públicos. Witmer (2000: 137) assegura que "certamente, membros do governo e legisladores não estarão predispostos a conhecer no site de organizações e empresas as suas opiniões a respeito de questões e problemas, tornando-se necessária a adoção de uma abordagem proativa para que as relações e a comunicação da empresa com estas audiências se tornem efetivas".

Em muitas companhias, as relações com o governo e com os legisladores não fazem parte das atividades dos profissionais de Relações Públicas. Essa desconexão entre relações governamentais e relações públicas é atribuída ao fato de os executivos acreditarem que RP está mais próximo de ser uma função de propaganda do que constituir um instrumento para a negociação. Entretanto, o uso da Internet para a comunicação com o governo pode permitir que as duas funções sejam unidas para beneficiar a organização em última instância (Holtz, 1999: 148).

Por outro lado, o governo está cada vez mais presente na rede mundial. Os diversos órgãos dos governos federal, estadual e municipal, as agências reguladoras e as empresas estatais, por exemplo, mantêm sites na Web, facilitando o acesso a informações e permitindo que qualquer cidadão estabeleça com eles a comunicação via e-mail. Assim, as empresas podem, igualmente, empregar a mesma ferramenta para dirigir sua comunicação ao público governamental e manter informadas suas diversas audiências.

Propósitos da comunicação com o governo e legisladores

A comunicação com o público governamental na Internet pode ser uma decisão da empresa para dar suporte a qualquer objetivo estabelecido diante de uma ação ou intenção do governo que comprometa ou influencie os negócios atuais da empresa, ou mesmo o futuro da empresa, em longo prazo. Holtz (1999: 149) propõe um *checklist* como ponto de partida para verificar a utilidade que a Internet pode possuir como instrumento básico de comunicação com os membros do governo, em seus diferentes níveis:

1. Sua atividade de negócios é regulamentada? Sua empresa fabrica produtos, como artigos farmacêuticos, ou oferece serviços, como planos de previdência privada, que estejam sujeitos a regulamentação governamental?
2. Sua empresa conta com recursos governamentais?
3. Sua empresa pertence a algum ramo de negócios sujeito a ataques de grupos ativistas?
4. Sua empresa faz *lobby* nos órgãos governamentais com o propósito de obter benefícios para ela, para seus compradores ou para seus acionistas?

5. Sua empresa pretende fazer uma fusão ou aquisição que exija aprovação do governo?

As cinco categorias de organizações ou empresas identificadas no *checklist* podem adotar a Internet com propósitos definidos de comunicação perante os públicos governamentais. Na primeira categoria, as empresas que atuam em negócios regulamentados pelo governo podem implantar dois canais de comunicação em seus sites. Assim, em um deles a comunicação estará voltada a audiências específicas para mostrar a aderência da empresa às exigências das regulamentações legais. O outro canal vai dirigir a comunicação aos membros de organismos e agências reguladoras, reforçando o compromisso da empresa com as normas legais e oferecendo informação atualizada sobre os esforços empreendidos pela empresa para merecer a aprovação das agências reguladoras.

Estes dois canais de comunicação têm como principais instrumentos o correio eletrônico e o site Web. Os meios tradicionais de comunicação podem ser usados para convidar membros de agências e órgãos reguladores a subscrever a lista de e-mail, cujas mensagens oferecem informações regulares e atualizadas das atividades empreendidas para o atendimento das exigências reguladoras. Os e-mails têm de ser enviados sempre que a companhia comprar um novo equipamento, estabelecer parcerias ou adotar qualquer outro procedimento que aumente sua capacidade de cumprir a regulamentação. Também para cada produto que estiver em processo de aprovação, a empresa deve preparar informações atualizadas e enviá-las às agências, em nome dos funcionários e técnicos envolvidos na questão.

Por sua vez, o site Web pode ter uma seção dedicada a questões de regulamentação, documentando os passos dados pela empresa para o cumprimento das exigências legais. Os produtos já existentes podem ser mostrados com links para os documentos legais de sua aprovação, o que pode ainda resultar em aumento do nível de confiança do consumidor. Para cada novo produto, a seção pode informar o andamento do processo e adiantar aos visitantes informações relacionadas com a sua conformidade às prescrições legais pertinentes.

A segunda categoria diz respeito a organizações que recebem recursos públicos, como as associações de caráter filantrópico. Concorrendo com outras organizações por verbas cada vez mais escassas, uma instituição tem na Web um veículo fundamental para a informação dos membros do público governamental e para a promoção de apoio adicional por parte dos demais públicos que o acessam. É essencial que o site dê os motivos pelos quais a instituição tem mais necessidade das verbas do que seus concorrentes, detalhe os projetos nos quais os fundos estão sendo investidos e revele os projetos futuros bem como os públicos que serão atendidos com essa ajuda.

A terceira categoria compreende as empresas que atuam em negócios que podem sofrer o ataque de ativistas. Alguns aspectos do próprio produto podem suscitar reações contrárias de ambientalistas e de movimentos de defesa do consumidor, a exemplo de como ele é comercializado, do impacto sobre os compradores, da maneira como é produzido, do seu efeito sobre o meio ambiente. No site, documentos que comprovem que o produto atende aos padrões legais constituem uma forte evidência de que a empresa procura resguardar-se de problemas com os ativistas. Para demonstrar o compromisso da companhia, os links da página podem dar acesso a outros materiais, como as políticas ambientais, os procedimentos de teste dos produtos, a documentação de cada passo tomado para obter a aprovação das agências de regulamentação, a seção de FAQ sobre segurança ambiental e segurança do produto, e o testemunhal dos compradores, especialmente aqueles tidos como grupos de risco pelos ativistas. Caso a agência governamental que aprovou o produto mantenha os registros em seu site, o fabricante pode criar links para o site ou orientar sobre como resgatar a informação.

Montadora de automóveis que iniciou suas atividades no Brasil em 1919, a Ford tem uma seção própria em seu site para publicar sua política de proteção à saúde e ao meio ambiente (ver Figura 7). O documento "Carta de Política Ambiental" divulga o compromisso da empresa em atender às exigências regulamentares na matriz e em todas as subsidiárias e filiais, evidenciando ainda sua vontade de ir além dos padrões legais, sempre que possível:

A Ford compromete-se a atender aos regulamentos que se aplicam ao seu tipo de negócio. Com respeito às preocupações com a saúde e o meio ambiente, o cumprimento das regras representa um mínimo. Quando necessário e apropriado, estabelecemos e cumprimos nossos próprios padrões, os quais podem ir além dos requisitos legais. Na busca de meios adequados para proteger a saúde ou o meio ambiente, a consideração de custos não impede que consideremos possíveis alternativas, e as prioridades são baseadas na conquista do maior benefício prático antecipado, ao mesmo tempo que buscamos o aperfeiçoamento contínuo. (http://www.ford.com.br/politicaambbiental/carta.asp)

Partindo da premissa de que o desenvolvimento econômico sustentável é importante para a futura prosperidade da empresa, assim como da sociedade em geral, a Ford afirma sua atuação de parceira ao lado de funcionários do governo e organizações privadas interessadas na questão, para que suas operações, seus produtos e serviços cumpram suas funções sem deixar de lado a responsabilidade pela proteção à saúde e ao meio ambiente.

A adoção e a aplicação de leis sólidas, efetivas e responsáveis, regulamentações, políticas e práticas protegendo a saúde e o meio ambiente são do interesse da Companhia. Dessa forma, participamos construtivamente ao lado de funcionários do governo, organizações privadas interessadas e o público em geral preocupado com estas questões. Da mesma forma, é de nosso interesse fornecer informações precisas e atualizadas aos interessados em questões ambientais que envolvam a Companhia. (http://www.ford.com.br/politicaambiental/carta.asp)

A quarta categoria é formada pelas empresas que praticam *lobby* nos órgãos governamentais com o propósito de mudar determinadas práticas ou regulamentações que afetam a indústria ou mesmo acelerar os trâmites para a aprovação de um novo produto. Assim, como o governo e os políticos reagem prontamente à pressão da opinião pública, Holtz (1999: 154) conclui que as companhias e indústrias podem usar a Internet para conseguir apoio mais generalizado para suas demandas nos órgãos e nas agências governamentais de regulamentação.

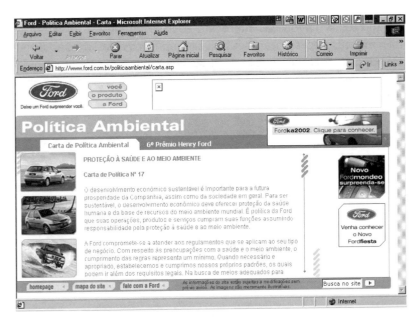

Figura 7   A Ford brasileira publica em seu site a política da montadora para a proteção à saúde e ao meio ambiente, mostrando o compromisso de suas operações, de seus produtos e serviços com os padrões determinados pela legislação governamental.

Entretanto, esse objetivo pode ficar diluído entre os demais propósitos assumidos pelo site de uma empresa ou até relegado a um plano secundário entre suas múltiplas seções e páginas. É recomendável então que as companhias de determinada indústria – desde que enfrentem o mesmo problema e partilhem posições comuns – implementem um site exclusivo para a abordagem da questão, acessável a partir de um link colocado de maneira proeminente em cada site individual.

Na quinta categoria, por fim, estão as empresas que adotam a estratégia de crescimento por meio da compra ou da fusão com outras companhias. Qualquer incorporação ou fusão entre grandes corporações faz surgir vencedores e perdedores. Estes últimos, invariavelmente, tomam a iniciativa de ações para deter o processo ou colocar-lhe obstáculos. Assim, o site na Web pode facilitar que as organizações envolvidas ofereçam esclarecimentos e prestem as informações necessárias a seus diversos públicos. Até mesmo às audiências do governo, pois as agências governamentais de regulamentação devem ser consultadas e aprovar as fusões e aquisições quando elas implicam eventual monopólio do mercado.

14 Comunicando-se na Web em Situações de Crise

As crises representam uma grave ameaça à integridade ou à reputação de empresas e produtos, em situações geralmente causadas por disputas legais, roubo, acidente ou incêndio. Este capítulo destaca as responsabilidades do profissional de Relações Públicas no processo de gerenciamento de crises e discute os recursos e as possibilidades da Internet como um dos instrumentos de comunicação da empresa em momentos de crise, uso facilitado pelas características de velocidade, rapidez e instantaneidade da rede mundial.

As crises e a organização

A queda dos aviões da TAM, o inócuo anticoncepcional Microvlar do laboratório Schering do Brasil e o vazamento de óleo da Petrobras na Baía da Guanabara são exemplos recentes de empresas, produtos e marcas que se envolveram com problemas imprevisíveis e complicados perante a opinião pública, em uma exposição que, em geral, é (e foi) intensamente amplificada pela cobertura da mídia. Nenhuma organização, portanto, está imune a crises e a experimentar suas danosas conseqüências.

> Crise é um evento imprevisível, que, potencialmente, provoca prejuízo significativo a uma organização ou empresa e, logicamente, a seus empregados, produtos, condições financeiras, serviços e à sua reputação. (John Birch, cit. em Oliveira, 2000)

As primeiras horas da crise e os sete dias iniciais são os mais críticos. Neles, a empresa e seus executivos vêem-se obrigados a tomar importantes decisões de maneira rápida, em meio a informações confusas e sob circunstâncias de intensa pressão e de elevado estresse. A escalada da crise leva a companhia a passar por sete estágios, assim caracterizados por Holtz (1999: 200-1):

1. surpresa;
2. ações baseadas em informações incorretas ou insuficientes;
3. perda de controle;
4. intensa vigilância da organização pelos públicos externos;
5. início de uma mentalidade de assédio;
6. pânico;
7. foco no curto prazo (em vez de manter em vista os objetivos organizacionais).

Wilcox, Ault & Agee (1989: 329-30) identificam três diferentes rumos que a empresa pode tomar ante uma situação de crise. O primeiro caracteriza-se por um comportamento arredio: a companhia nega que exista um problema e seus dirigentes recusam-se a atender a mídia e responder às perguntas da imprensa. A conduta de pouco caso fere sua imagem gravemente.

A segunda atitude consiste em gerenciar as notícias sobre a crise por meio da divulgação de informações parciais e pouco precisas, muitas vezes proteladas quando fatos desfavoráveis são publicados na mídia. O resultado é óbvio: a credibilidade da empresa fica em frangalhos.

A terceira atitude, a mais recomendada, é praticar uma política de comunicação franca e aberta. A empresa mantém a mídia pronta e suficientemente informada dos fatos enquanto providencia uma verificação (ou apuração) mais aprofundada do problema, em toda a sua extensão.

Relações públicas no gerenciamento da crise

As crises expõem as fraquezas da companhia, mas também testam sua força. A objetividade e a eficiência na implementação das ações necessárias aumentam as possibilidades de que os períodos críticos sejam superados com menos problemas e menores danos à imagem.

O profissional de Relações Públicas deve responder pelo gerenciamento da crise e liderar um grupo multidisciplinar formado por pessoas liberadas de suas atividades normais e totalmente voltadas para a identificação das ações a serem tomadas para a solução dos problemas. O Comitê de Crises tem de ser formado, no mínimo, pelo presidente e vice-presidente da empresa; pelos gerentes ou diretores dos setores de Relações Públicas, jurídico e de segurança; e pelos executivos que respondem pelas áreas diretamente envolvidas na crise que a companhia atravessa (Freeo, 2000).

Além de sua atribuição básica – a preparação de um plano de ação para enfrentar a situação –, o Comitê deve indicar entre seus componentes um porta-voz para representar a empresa, fazer declarações oficiais e responder às perguntas dos jornalistas durante a crise. Entretanto, muitas vezes os executivos da alta administração podem ser requisitados pela mídia, tornando-se conveniente que eles sejam preparados para contatos com repórteres e jornalistas, a serem mantidos em entrevistas e coletivas, com o propósito de garantir um desempenho que traga melhores resultados à imagem pública da empresa.

Embora não existam regras definidas para administrar situações de crise, que acontecem de maneira imprevisível e dificilmente se repetem, o plano de ação deve priorizar a comunicação com seus públicos, fundamental para formar a percepção das pessoas. Na falta de informações mais abrangentes sobre o que desencadeou a crise, a percepção das pessoas baseia-se no que vêem e ouvem na imprensa (Oliveira, 2000).

Assim, no período da crise, o profissional de Relações Públicas deve procurar observar estritamente cinco objetivos básicos de comunicação. O primeiro é apresentar e manter uma percepção precisa e positiva da empresa em todo e qualquer momento ou situação. O segundo objetivo está em apresentar sempre informação oportuna, exata e atualizada. O porta-voz da empresa deve valer-se de dados consistentes e passar todos os esclarecimentos disponíveis e possíveis, como forma de evitar que as lacunas permitam o aparecimento de boatos ou de outras versões não condizentes com os fatos. O terceiro objetivo é manter-se acessível para a mídia, atendendo a todos os jornalistas que procurem a companhia.

O quarto objetivo da comunicação consiste em coletar e monitorar a informação sobre a crise disseminada pelos meios de comunicação de maneira que se detecte e corrija de imediato qualquer informação errada ou equivocada. O quinto objetivo está em manter o apoio de investidores, empregados, consumidores, governo e comunidade.

O site como fonte de informação em situações de crise

As relações públicas têm o papel de prevenir ou diminuir as possibilidades de ocorrência de problemas.[1] Caso, porém, a situação de crise se instale, Waldomiro Carvas Júnior (em Kunsch, 1997: 205) sustenta que ela "deve assumir a responsabilidade pela coleta de informações e pela organização dos contatos com a imprensa e com os públicos de interesse". Nesse sentido, a Internet pode ser empregada nos momentos de crise como mais um instrumento de comunicação para a divulgação de informações da empresa. Como vimos, as características de velocidade e de instantaneidade da rede mundial são altamente positivas e valiosas, permitindo ao profissional de Relações Públicas responder logo a situações de crise, reagir de pronto às notícias e capitalizar rapidamente situações favoráveis que se apresentem no decorrer do processo de gerenciamento de uma crise já instalada.

---

1. Waldomiro Carvas Júnior recomenda que "eventuais investimentos que se façam necessários, no sentido de prevenir situações que possam vir a gerar crises, como manutenção de equipamentos e/ou de instalações, programas de treinamento, campanhas motivacionais e de educação do público interno, controles de qualidade e revisão de procedimentos, entre outros, devem ser cuidadosamente planejados em consonância com os objetivos estratégicos de médio e longo prazos das empresas. Deve-se ter sempre em mente que a prevenção é muito mais barata do que o reparo após a ocorrência de uma crise" (em Kunsch, 1997: 206).

Nos momentos de crise, o site da empresa costuma ser procurado por seus públicos como uma fonte de informação; portanto, deve apresentar dados atualizados e importantes para o esclarecimento dos navegantes. O site ainda deve ser visto como instrumento básico de divulgação de informações da companhia, pois é um canal direto de comunicação com a audiência – ele não passa por nenhum filtro e a informação pode ser publicada em quantidade e com uma riqueza de detalhes que, pelas restrições de tempo e de espaço, jamais serão alcançados por outros meios de comunicação.

O e-mail é um recurso que o site pode dispor para permitir comunicação direta dos internautas com a empresa. A vantagem do acesso on-line em geral está na redução do volume de ligações telefônicas que a companhia certamente vai receber de consumidores assustados, de distribuidores receosos e de muitos curiosos. Holtz (1999: 220) recomenda que o site estimule comentários e perguntas via correio eletrônico, os quais podem permitir que a empresa detecte os aspectos da crise mais relevantes do ponto de vista de seus diversos públicos.

Prático, rápido e versátil, o e-mail constitui um excelente canal de comunicação com os próprios empregados da empresa, caso suas unidades e filiais expandam-se por grandes áreas geográficas. Ele também pode ser empregado no envio de notas curtas a jornalistas, repórteres e outros grupos importantes, mantendo-os sempre atualizados e dirigindo os leitores para o site da companhia em busca de informação mais detalhada.

Quando pertinente, toda e qualquer comunicação deve ser acompanhada de ações que demonstrem o desejo da empresa em esclarecer a situação ou corrigir o problema, como exemplifica Nogueira (1999: 105):

> Não fique apenas nas palavras, que, afinal de contas, serão sempre defensivas. Por exemplo, se a sua fábrica foi fechada pelos órgãos ambientais porque poluiu o rio, não se contente em afirmar que vai resolver o problema. Acrescente que suas providências vão ser realizadas em X dias e que, dia tal, haverá um evento, a que todos os jornalistas serão convidados, para reabrir a fábrica.

Boatos e rumores na Internet

A Internet é uma fonte inesgotável de rumores e de trotes que circulam regularmente por meio do correio eletrônico, a segunda atividade mais popular entre os internautas brasileiros. Os temas mais comuns são crianças doentes, vírus ultradestrutivos, promoções e prêmios fictícios supostamente distribuídos por grandes empresas. Incluem-se também as correntes de e-mail alertando internautas sobre os perigos do aspartame, das substâncias químicas do xampu e do uso do telefone celular na chuva. Embora às vezes sejam absurdas e disparatadas, muitas mensagens soam convincentes pela linguagem técnica empregada no texto e pela menção indevida ao nome de companhias e instituições de prestígio.

A disseminação dos boatos é incrivelmente rápida e a empresa deve, com a mesma presteza, publicar em seu site informações criteriosas que refutem qualquer rumor. Uma seção de FAQ pode contribuir para neutralizar boatos sobre os supostos riscos de um produto, por exemplo, oferecendo respostas a questões relacionadas ao produto, a seu conteúdo e à sua segurança.

A Microsoft e a América On Line (AOL) foram vítimas recentes de um e-mail fraudulento que contava que as duas empresas estavam associadas no teste de uma versão beta do navegador Internet Explorer e prometia recompensa em dinheiro às pessoas que reenviassem ou recebessem a comunicação:

> A Microsoft e AOL (América On Line), atualmente as duas maiores empresas da Internet, para garantir ao Internet Explorer a posição de programa de navegação mais usado, estão testando uma versão beta do programa. Ao enviar esta carta aos seus amigos, ela será conferida pela Microsoft (é preciso que os seus amigos usem o Microsoft Windows) ao longo de duas semanas. A Microsoft pagará U$ 245 para cada pessoa à qual vocês enviarem esta carta. A Microsoft pagará a vocês U$ 243 para cada carta forwardada e pagará U$ 241 para cada terceira pessoa à qual vocês enviarem esta comunicação. Daqui a duas semanas, a Microsoft entrará em contato com vocês via e-mail e lhes despachará o cheque. No início eu duvidei, até que depois de duas semanas recebi via e-mail a comunicação e, poucos dias a seguir, o cheque de U$ 24.800. Vocês devem enviar esta comunicação

imediatamente, antes que termine o prazo do teste da versão beta do Internet Explorer. Quem banca tudo isso é o senhor Bill Gates.

RECEBI ESTA MENSAGEM E ESTOU REPASSANDO PARA VOCÊS. VALE ARRISCAR!!!. BOA SORTE PARA TODOS NÓS. OBRIGADO. (http://www.microsoft.com/BRASIL/pr/email_inveridico.htm)

A Microsoft publicou um desmentido oficial (ver Figura 8) na seção Notícias & Informações do seu site (http://www.microsoft.com/BRASIL/pr/email_inveridico.htm), alertando que "o maior perigo destes e-mails é eles serem 'cavalos de tróia', ou seja, eles serem os portadores de vírus para dentro das máquinas, com uma notícia sensacionalista que lhe serve de cápsula e uma promessa de dinheiro para torná-la motivacional".

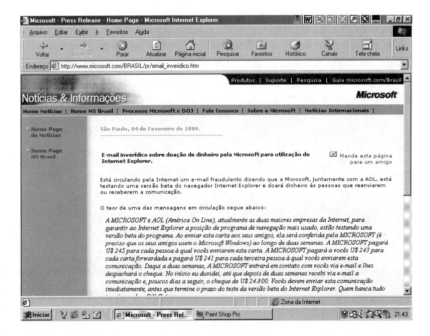

Figura 8   A mensagem de e-mail que prometia recompensas em dinheiro aos usuários pela utilização da versão beta do Microsoft Explorer foi desmentida pela Microsoft na seção Notícias & Informações do seu site.

Depois da recomendação de apagar a mensagem para evitar seu alastramento e a eventual perda dos dados do computador provocada pelo vírus, o site reforça em seu comunicado que "as empresas sérias, e a Microsoft não é uma exceção, são visceralmente contra esse tipo de SPAM que, se não provocar outro prejuízo, congestiona desnecessariamente as redes mundiais. A Microsoft jamais poderia ser a originadora de tal mensagem. O único conselho que podemos dar é ignorar e deletar imediatamente este tipo de e-mail".

Alguns trotes por e-mail já viraram assunto de polícia. A Polícia Civil de São Paulo, por exemplo, implantou um Setor de Investigação de Crimes de Alta Tecnologia e Meios Eletrônicos para cuidar de trotes como o sofrido por um motel em São Bernardo do Campo, na Grande São Paulo, cujos proprietários receberam telefonemas exaltados de seus clientes querendo saber por que o motel filmava seus casais. A causa foi um e-mail que circulou com a história na Internet, espalhando-a rapidamente e diminuindo de forma drástica o movimento do estabelecimento. Outra onda de trotes atingiu uma vítima mais conhecida – o Bradesco, o maior estabelecimento bancário do país. Uma corrente de e-mail iniciada, como afirmou a polícia, por um empresário desafeto e grande devedor do banco, espalhou que o banco estava em crise financeira (Fortes, 2000: 43).

Glossário

@ – sinal que significa arroba, adotado para denotar "em" (ou *at*, em inglês). No correio eletrônico, o endereço silva@abc.com.br indica que o usuário Silva está no provedor ABC.

acesso dedicado – forma de acesso à Internet no qual o computador fica sempre conectado à rede. Normalmente, o acesso dedicado é utilizado por empresas que vendem acesso e serviços aos usuários finais.

acesso discado – método de acesso a uma rede ou um computador remoto via rede telefônica, discando o número onde está a rede ou o computador.

acesso remoto – processo de acessar os recursos de outro computador, tais como arquivos ou impressora.

Acrobat – programa que usa o formato de arquivo PDF. Ver *Portable Document File*.

Active Server Pages (ASP) – padrão para páginas Web criadas dinamicamente com base em código JScript ou Visual Basic. Quando o browser solicita uma página ASP, o servidor monta-a na hora e apresenta-a ao browser. Nesse aspecto, ASP e CGI são similares.

ActiveX – uma tecnologia Microsoft que facilita o compartilhamento de informações entre aplicativos. Ela é usada principalmente no desenvolvimento de aplicativos interativos e conteúdo da Web. A ActiveX baseia-se na tecnologia OLE já existente há algum tempo, mas expande o campo de ação do compartilhamento de objetos da área de trabalho para a Internet inteira. Como essa tecnologia tem uma estrutura modular, os programas podem ser gravados para que funcionem como aplicativos independentes, como objetos "inteligentes" incorporados dentro de programas Visual Basic ou páginas da Web ou como objetos OLE tradicionais dentro de documentos.

Advanced Research Projects Agency (Arpa) – organismo de pesquisa norte-americano que desenvolveu, com propósitos militares, uma rede de longa distância, a Arpanet, em conjunto com universidades e centros de pesquisa dos Estados Unidos.

Advanced Research Projects Agency Network (Arpanet) – rede de longa distância criada em 1969 pela Advanced Research Projects Agency (Arpa, atualmente Defense Advanced Projects Research Agency, ou Darpa) em consórcio com as principais universidades e centros de pesquisa dos Estados Unidos, com o objetivo específico de investigar a utilidade da comunicação de dados em alta velocidade para fins militares. É conhecida como a rede-mãe da Internet de hoje e foi colocada fora de operação em 1990.

American Standard Code for Information Interchange (ASCII) – código de números binários usado para representar caracteres de arquivos texto em computadores e dispositivos de armazenamento eletrônico de dados. A codificação dos caracteres é definida pela ASCII com códigos de 0 a 127.

anonymous – nome normalmente utilizado para o login num servidor FTP, para indicar que se trata de um usuário anônimo, não registrado na máquina em questão. A senha (*password*) que é pedida em seguida deve ser o endereço eletrônico ou *guest*. Ressalte-se que o sistema permite apenas o acesso aos arquivos públicos.

anonymous FTP – Ver *FTP anônimo*.

aplicação – programa que faz uso de serviços de rede como transferência de arquivos, login remoto e correio eletrônico.

aplicações Internet – também conhecidas como aplicações TCP/IP, são os programas de aplicações que utilizam os protocolos da rede conhecidos como: File Transfer Protocol (FTP) para transmissão de arquivos; Simple Mail Transfer Protocol (SMTP) e Post Office Protocol (POP) para correio eletrônico (e-mail); HTTP e

HTML em navegadores (browsers); Internet Relay Chat (IRC) para bate-papo; e outros.

aplicações Java – programas de aplicação desenvolvidos utilizando-se a linguagem Java, porém com comportamento similar ao de outras aplicações.

aplicações TCP/IP – Ver *aplicações Internet*.

applets – programa de computador gravado em Java. Embora semelhantes a aplicativos, os applets não são executados de maneira independente. Em vez disso, eles seguem um conjunto de convenções que permitem que sejam executados em um navegador compatível com Java.

applets Java – Ver *applets*.

Archie – ferramenta que permite a procura de arquivos e informações em servidores FTP. Indica-se ao archie o nome do arquivo (ou parte dele) que deseja encontrar e ele dá o nome (endereço) dos servidores onde pode ser encontrado. Serviço de busca de arquivos armazenados em FTP anônimo, pouco disseminado no Brasil, que pode ser usado para procurar determinado arquivo por assunto, título ou palavra-chave.

Arpa – Ver *Advanced Research Projects Agency*.

Arpanet – Ver *Advanced Research Projects Agency Network*.

arquivo – nos computadores trabalha-se fundamentalmente com arquivos. Os dados são armazenados em arquivos e todos os aplicativos ou programas utilizados são armazenados em arquivos. A Internet, por sua vez, tem como uma de suas principais tarefas transportar arquivos de um lugar para outro.

arquivo atachado – envio de um arquivo associado a uma mensagem. Alguns programas de correio eletrônico permitem que qualquer arquivo seja enviado junto com uma mensagem. Ao chegar ao destinatário, o arquivo associado pode ser copiado para o computador.

arquivo binário – arquivo com imagens e programas. A conversão do arquivo binário para arquivo de texto é denominada codificação, ou uuencoding.

arquivo de auto-extração – arquivos compactados no formato .exe que, para serem descompactados, basta apenas executá-los. Na verdade, os arquivos de auto-extração trazem dentro de si, além de outros arquivos, os princípios básicos de seu programa de descompressão.

arquivo de texto – arquivo com textos de qualquer natureza. Pode ser transformado em arquivo binário pelo processo de conversão denominado decodificação, ou unencoding.

artigo – um texto existente nos serviços de grupos de discussão, como a Usenet.

ASCII – Ver *American Standard Code for Information Interchange*.

arrab – palavra utilizada para representar, quando estiver sendo ditado, o caractere barra invertida (\).

article – Ver *artigo*.

artigo – um texto existente nos serviços de grupos de discussão, como a Usenet.

ASCII – Ver *American Standard Code for Information Interchange*.

ASP – Ver *Active Server Pages*.

assinatura – 1. Um arquivo, geralmente com três ou quatro linhas, que as pessoas colocam no fim de suas mensagens, para indicar quem a enviou ou sua origem; 2. Ato de subscrever uma lista de discussão ou newsgroup; 3. Informação que autentica uma mensagem.

assistente – ajuda baseada em computador que fornece orientação durante as etapas necessárias para concluir uma tarefa.

Asynchronous Transfer Mode (ATM) – protocolo de comunicação de alta velocidade, criado para o tráfego de dados e aplicações multimídia. Traduzido por modo de transferência assíncrono, o ATM divide a informação em pacotes, que são enviados sem uma seqüência. Esses pacotes reorganizam-se quando chegam ao destino.

ATM – Ver *Asynchronous Transfer Mode*.

attachment – Ver *arquivo atachado*.

audiência – 1. O porcentual de usuários que visualizaram uma página ou um banner em determinado período de tempo. 2. Pessoas atingidas pelos veículos de comunicação.

autenticação – uma assinatura eletrônica; uma tecnologia que garante que uma transmissão eletrônica recebida de terceiros tenha sua origem definida.

authoring tools – ferramenta para criação, constituindo um software de aplicação para criar conteúdo não limitado, inclusive editores de texto, processadores de palavras, gravação de áudio, de vídeo e de cinema, processando e aplicando imagens.

auto-estrada da informação – uma ligação ou um conjunto de ligações entre computadores, formando uma rede de redes, de preferência com meios de comunicação extremamente rápidos. Um nome abusivamente usado por vezes (sobretudo nos media tradicionais) para designar a(s) rede(s) hoje existente(s) (e, em particular, a Internet), pois uma grande parte delas ainda tem muitas interligações bastante lentas.

auto-estrada eletrônica – Ver *auto-estrada da informação*.

backbone – espinha dorsal de uma rede, uma estrutura composta de linhas de conexão de alta velocidade, que, por sua vez, se conecta a linhas de menor velocidade em várias sub-redes.

background – fundo de páginas.

backup – Ver *cópia de segurança*.

baixar – ação de transferir um arquivo da Internet para o computador do usuário. Ver *download*.

bandwidth – Ver *largura de banda*.

banner – anúncio em forma de imagem gráfica, geralmente em formato GIF (animado ou não).

Bate-papo – um programa de software interligado em rede que permite que diversos usuários realizem "conversações" em tempo real entre si digitando mensagens no teclado de seus respectivos computadores e enviando-as por uma rede local ou pela Internet.

BBS – Ver *Bulletin Board System*.

Because It's Time Network (Bitnet) – rede educacional internacional, criada em 1981, que liga computadores em aproximadamente 2.500 universidades e institutos de pesquisa nos Estados Unidos, na Europa e no Japão. A Bitnet não usa protocolo da família TCP/IP, mas pode trocar mensagens eletrônicas com a Internet. O protocolo empregado é o Remote Spooling Communication System (RSCS).

beta – qualquer programa que ainda não está finalizado ou ainda em fase de testes, mas que já possui uma versão de testes para ser usada.

bit – dígitos binários, do inglês *binary digits*. Bit é a menor unidade de informação. Cada bit representa um 1 ou um 0.

bitmap – um padrão de pontos coloridos que na tela do computador são criados como um pixel de luz formando as imagens.

Bitnet – Ver *Because It's Time Network*.

bits por pixel – indica quantas cores tem um arquivo de imagem ou quantas cores um dispositivo de vídeo pode exibir: 8 bits = 256 cores, 16 bits = 65.536 cores e 24 bits = 16,7 milhões de cores.

bits por segundo (bps) – uma medida da taxa de transferência real de dados de uma linha de comunicação, como um modem, dada em bits por segundo. Variantes ou derivativos importantes incluem Kbps (igual a 1.000 bps) e Mbps (igual a 1.000.000 bps).

bps – Ver *bits por segundo*.

bridge – Ver *ponte*.

browser – é um cliente para extração de informação em um servidor Web ou gopher. Termo normalmente aplicado aos programas que permitem navegar na World Wide Web, como o Mosaic, Internet Explorer e o Netscape. Tipicamente, browser é o programa em um computador pessoal que acessa, por meio de uma linha telefônica, um servidor (isto é, um programa que atende à demanda de clientes remotos) que contém informações de interesse amplo, nele permitindo visualizar e procurar texto, imagens, gráficos e sons, de maneira aleatória ou sistemática.

Bulletin Board System (BBS) – sistema que disponibiliza aos seus usuários arquivos de todo o tipo (programas, dados ou imagens), softwares de domínio público e conversas on-line (chat). Muitos BBS oferecem acesso ao correio eletrônico da Internet. Os assinantes têm acesso aos serviços por meio de linhas telefônicas (isto é, de voz), utilizadas via computador pessoal e modem.

bytes – um conjunto ou grupo de oito bits que representam uma informação real, como letras e os dígitos de 0 a 9.

cable modem – modem especial que utiliza a rede de televisão a cabo para transmitir e receber dados, em vez da tradicional linha telefônica, alcançando maiores velocidades: chega a 10 Mbps no upstream e 43 Mbps no downstream.

cache – Ver *cache de documento*.

cache de documento – recurso oferecido pelos browsers para o armazenamento de cópias de páginas da Web no disco rígido do computador do usuário ou no próprio servidor, para que não seja necessário acessá-los depois novamente de algum servidor distante.

caixa de correio – um arquivo, diretório ou uma área de espaço em disco rígido usados para armazenar mensagens de correio eletrônico.

CG – Ver *Comitê Gestor Internet do Brasil*.

CGI – Ver *Common Gateway Interface*.

chat – Ver *bate-papo*.

ciber – prefixo de qualquer elemento relacionado a computadores ou à Internet. Por exemplo, um cibercafé é o estabelecimento para os apreciadores de café que disponibiliza um computador para uso de seus freqüentadores.

ciberespaço – 1. O conjunto de computadores, serviços e atividades que constituem a rede mundial Internet. 2. Mundo virtual, onde transitam as mais diferentes formas de informação e as pessoas (sociedade da informação) se relacionam virtualmente, por meios eletrônicos. 3. Termo cunhado em analogia com o espaço sideral explorado pelos astronautas, atribuindo-se sua invenção ao escritor de ficção científica William Gibson no romance *Neuromance*.

client – Ver *cliente*.

cliente – no contexto cliente/servidor, cliente é um programa que pede determinado serviço (como a transferência de um arquivo) a um servidor, outro programa ou computador. O cliente e o servidor podem estar em duas máquinas diferentes, sendo esta a realidade para a maior parte das aplicações que usam esse tipo de interação. É um processo ou programa que requisita serviços a um servidor.

Comitê Gestor da Internet no Brasil (CG) – órgão criado pelo governo brasileiro com o objetivo de acompanhar a disponibilização de serviços Internet no país, estabelecer recomendações relativas à estratégia de implantação e interconexão de redes, análise e seleção de opções tecnológicas, e coordenar a atribuição de endereços Internet Protocol (IP) e o registro de nomes de domínio.

Commom Gateway Interface (CGI) – aplicação servidora utilizada geralmente para processar solicitações do navegador (browser) mediante formulários HTML, enviando o resultado em páginas dinâmicas HTML. O software facilita a comunicação entre um servidor da Web e programas que operam fora do servidor – por exemplo, programas que processam formulários interativos ou programas que procuram nos bancos de dados informações solicitadas por um usuário. Pode ser usado para conexão (gateway) com outras aplicações e bancos de dados do servidor.

compactação – processo para a compressão de dados, que envolve a eliminação dos espaços em branco e a substituição de padrões repetidos por símbolos menores, que poupam espaço. A compactação de dados é especialmente útil nas comunicações porque permite a transmissão da mesma quantidade de informação em menor volume e, em conseqüência, menor tempo.

compressão de dados – Ver *compactação*.

conexão – ligação de dado computador a outro computador remoto.

conteúdo – a soma de texto, figuras, dados ou outras informações apresentadas por um site da Web.

cookie – um arquivo armazenado no disco rígido e utilizado para identificar o computador ou as preferências de seu usuário para um computador remoto. Os cookies são empregados com freqüência para identificar visitantes em sites da Web e ainda para exibir páginas personalizadas. Para isso, o usuário precisa ter fornecido informações pessoais numa visita anterior ao site.

cópia de segurança – arquivo que contém uma reprodução ou duplicação da informação do arquivo ou do conjunto de dados que se está utilizando como reserva em caso da destruição ou inutilização do arquivo original.

correio eletrônico – 1. Correio transmitido e recebido diretamente pelo computador, por meio de um endereço Internet. Uma carta eletrônica contém texto (como qualquer outra carta) e eventualmente pode ter um ou mais arquivos anexados. 2. Um meio de comunicação que se baseia no envio e na recepção de textos, chamados de mensagens, por meio de uma rede de computadores.

criptografar – criptografar um arquivo significa convertê-lo num código secreto, com propósitos de segurança, para que suas informações não possam ser utilizadas ou lidas até serem decodificadas.

criptografia – a técnica de converter (cifrar) uma mensagem ou mesmo um arquivo empregando um código secreto. Com o propósito de segurança, as informações nele não podem ser usadas ou lidas até serem decodificadas. A criptografia está disponível em duas formas: criptografia de software, amplamente utilizada apenas para instalar, e a criptografia de microchip, mais difícil de instalar, mas também mais rápida e mais difícil de decodificar.

debate moderado – uma lista de distribuição ou um newsgroup on-line que é monitorado e editado por uma pessoa para filtrar remessas não relacionadas ou fora de questão.

DHTML – Ver *Dynamic Hypertext Markup Language*.

dial-IN – designa um tipo de ligação ou de um ato de ligação à Internet, neste caso pelo estabelecimento de uma chamada telefônica (dial) para um computador, mediante um modem.

dial-UP – Ver *acesso discado*.

DNS – Ver *Domain Name System* e *Domain Name Server*.

domain – Ver *domínio*.

domain name – Ver *nome de domínio*.

Domain Name Server (DNS) – designa o conjunto de regras e/ou programas que constituem um Servidor de Nomes da Internet. Um servidor de nomes faz a tradução de um nome alfanumérico (por exemplo microbyte.com) para um número IP (por exemplo 192.190.100.57). No caso do DNS brasileiro, geram-se todos os nomes terminados em br. Qualquer outro nome será também traduzido pelo mesmo DNS, mas com base em informação proveniente de outro DNS (se essa informação não tiver sido previamente obtida). Além das conversões nome IP e IP nome, um DNS pode conter informações sobre como encaminhar correio eletrônico até que ele chegue à máquina final.

Domain Name System (DNS) – um serviço e protocolo da família TCP/IP para armazenamento e consulta a informações sobre recursos da rede. A implementação é distribuída entre diferentes servidores e trata sobretudo da conversão de nomes Internet em seus números correspondentes.

domínio – Ver *nome de domínio*.

domínio público – algo que está no domínio público pode ser copiado, utilizado e distribuído sem nenhum pagamento. Normalmente se pede que seja dado o devido crédito a seus autores.

download – fazer o download de um arquivo é transferir o arquivo de um computador remoto para seu próprio computador (o arquivo recebido é gravado em disco no computador local), usando qualquer protocolo de comunicação. O computador de onde os dados são copiados é subentendido como "maior" ou "superior" segundo algum critério hierárquico, enquanto o computador para o qual os dados são copiados é subentendido como "menor" ou "inferior" na hierarquia. O sentido literal é, portanto, "puxar para baixo".

Dynamic Hypertext Markup Language (DHTML) – HTML dinâmico, que se refere a páginas Web cujo conteúdo é modificado, dependendo de diferentes fatores, como a localização geográfica do leitor (em conseqüência, a data e a hora locais), páginas já visitadas durante a sessão e o perfil do usuário. Várias tecnologias são usadas para produzir HTML dinâmico: scripts CGI, server side includes (SSI), cookies, Java, JavaScript e ActiveX.

e-mail – Ver *correio eletrônico*.

emoticon – pequeno conjunto de caracteres ASCII que pretendem transmitir uma emoção ou um estado de espírito. Uma "carinha" construída com caracteres ASCII pode ajudar a contextualizar uma mensagem eletrônica. Por exemplo, a mais comum é :-), que significa humor e ironia. Para entendê-la, deve-se girar o emoticon 90 graus para a direita.

Encapsulated PostScript (EPS) – formato de arquivos gráficos usado pela linguagem Postscript.

endereço IP – o endereço de protocolo da Internet de um computador conectado à Internet, geralmente representado em notação decimal/ponto, como em 128.121.4.5. Cada um dos quatro números do endereço IP pode assumir valores entre 0 e 255.

EPS – Ver *Encapsulated PostScript*.

espelho – um computador (ou espaço em disco) onde se guarda uma cópia de informação proveniente de outro recurso na Internet. Os usuários não precisam se ligar ao local original e podem obter a informação desejada num dos locais (escolhendo o mais próximo) onde exista uma cópia.

Ethernet – um padrão muito utilizado para a conexão física de redes locais em alta velocidade, a 10 Mpbs, originalmente desenvolvido pelo Palo Alto Research Center (PARC) da Xerox nos Estados Unidos. Descreve protocolo, cabeamento, topologia e mecanismos de transmissão. As redes Ethernet usam normalmente cabos coaxiais (podem também usar outros meios, como um cabo de fios torcidos – tipo linha telefônica – ondas de rádio etc.) que interligam vários computadores. A informação pode ser transmitida em modo *broadcast*, ou seja, para todos os outros computadores da rede e não apenas para um só.

extensão de arquivo – extensão com três letras colocadas no final do nome de arquivo para identificar o tipo de arquivo. As mais comuns são exe (para arquivo de programa ou executável), txt (para arquivo de texto), zip (para arquivo compactado com o utilitário PKZIP), gif (para arquivo bitmap que usa o formato Graphics Imagem Format – GIF).

extranet – uma rede baseada na tecnologia Internet que liga uma organização com seus principais públicos, como fornecedores, revendedores e distribuidores.

FAQ – Ver *Frequently Asked Questions*.

FDDI – Ver *Fiber Distributed Data Interface*.

Fiber Distributed Data Interface (FDDI) – é um padrão para o uso de cabos de fibras óticas em redes locais (LANs) e metropolitanas (MANs). A FDDI fornece especificações para a velocidade de transmissão de dados (alta, 100 Mbps), em redes em anel, podendo, por exemplo, conectar mil estações de trabalho a distâncias de até 200 km.

File Transfer Protocol (FTP) – designa o principal protocolo de transferência de arquivos usado na Internet, ou então um programa que usa esse protocolo. Um protocolo padrão da Internet utilizado para transferência de arquivos entre computadores, obtidos nos hosts chamados sites FTP.

firewall – traduzida literalmente como parede corta-fogo, é um sistema de segurança que pode ser implementado para limitar o acesso de terceiros a determinada rede ligada à Internet ou para evitar que dados de um sistema caiam na Internet, sem prévia autorização. No grau máximo de segurança, a única coisa que uma firewall pode deixar passar de um lado (rede local) para o outro (resto da Internet) é o correio eletrônico, mesmo assim podendo filtrar correio de/para determinado sítio.

flame – mensagem de correio eletrônico que viola as regras de etiqueta e boas maneiras da Internet sendo insolente e malcriada. Uma troca de flames e contra-flames é chamada "flame war".

flame war – Ver *flame*.

follow-up – resposta a um artigo de news com outro artigo de news, mantendo o mesmo tema de discussão.

frame – frames são uma maneira de incrementar o HTML, de modo que permita que a janela do browser possa ser dividida em várias áreas de navegação.

freeware – Ver *software de domínio público*.

Frequently Asked Questions (FAQ) – documento com perguntas e respostas sobre determinado assunto, em geral voltado para leigos ou neófitos. Pretende responder, dentro de um assunto, a dúvidas e perguntas mais freqüentes dos novos usuários. As respostas a essas questões são fornecidas por usuários mais antigos ou experientes ou pelo responsável por um serviço em especial. Contrapõe-se a RFCs.

FTP – Ver *File Transfer Protocol*.

FTP anônimo – serviço que possibilita o acesso a repositórios públicos de arquivos via FTP.

FTP server – Ver *servidor de FTP*.

gateway – Ver *porta de comunicação*.

GIF – Ver *Graphic Interchange Format*.

gigabyte – medida de tamanho de arquivo eletrônico equivalente a aproximadamente um bilhão de bytes.

gopher – 1. Servidor que abriga uma ferramenta de procura de texto por toda a Internet. Mais antigo do que a WWW, permite a procura de informação em bases de dados existentes em todo o mundo, utilizando ou não algumas ferramentas próprias de pesquisa por palavras-chave. 2. Um sistema distribuído para busca e recuperação de documentos, que combina recursos de navegação mediante coleções de documentos e bases de dados indexadas, por meio de menus hierárquicos. O protocolo de comunicação e o software seguem o modelo cliente-servidor, permitindo que usuários em sistemas heterogêneos naveguem, pesquisem e recuperem documentos armazenados em diferentes sistemas, de maneira simples e intuitiva.

Graphic Interchange Format (GIF) – formato para arquivos de imagem muito empregado na Internet por sua capacidade de compressão.

grupo de discussão – Ver *grupo de notícia*.

grupo de notícia – em um grupo de notícia (ou newsgroup) escreve-se publicamente sobre o tema indicado pelo nome do grupo, estimando-se a existência de mais de 10 mil grupos ativos abrangendo praticamente todos os assuntos imagináveis.

hierarquia – hierarquia de diretórios é o conjunto dos diretórios de determinado sistema de arquivos, que engloba a raiz e todos os subdiretórios. Os newsgroups também estão divididos numa hierarquia, começando nos níveis de topo (início do nome do grupo: soc, comp, sci, rec, misc etc.) e subdivididos em vários temas, dentro de cada designação de topo.

hiperlink – conexão, ou seja, elementos físicos e lógicos que interligam os computadores da rede. São endereços de páginas, ponteiros (vínculo ou link) de hipertexto ou palavras-chave destacadas em um texto, que quando "clicadas" nos levam para o assunto desejado, mesmo que esteja em outro arquivo ou servidor. No WWW, uma palavra destacada indica a existência de um link, que é uma espécie de apontador para outra fonte de informação. Escolhendo esse link, obtém-se a página de informação que ele designava que pode, por sua vez, ter também vários links.

hipertexto – texto eletrônico em um formato que fornece acesso instantâneo, por meio de links, a outro hipertexto dentro de um documento ou em outro documento.

home page – a página principal de um site da Web. As home pages contêm geralmente links a locais adicionais dentro do site ou a sites externos. Dependendo do tamanho do site da Web, podem existir várias home pages dentro do mesmo site. A home page é uma espécie de ponto de partida para a procura de informação relativa a essa pessoa ou instituição, escrita em Hypertext Markup Language (HTML).

host – 1. Computador ligado à Internet, também às vezes chamado de servidor ou nó. 2. Computador principal num ambiente de processamento distribuído.

hot site – Ver *microsite*.

HTML – Ver *Hypertext Markup Language*.

HTTP – Ver *Hypertext Transport Protocol*.

hub – em redes na qual todos os nós são conectados a um computador central e não entre eles, hub é o dispositivo central de conexão, que permite às redes adicionarem estações de trabalho mediante a extensão do sinal de transmissão.

Hypertext Markup Language (HTML) – é a linguagem padrão para escrever páginas de documentos Web, que contenham informação nos mais variados formatos: texto, som, imagens e animação. É uma variante da Standard Generalized Markup Language (SGML), bem mais fácil de aprender e usar, que possibilita preparar documentos com gráficos e links para outros documentos para visualização em sistemas que utilizam Web.

Hypertext Transport Protocol (HTTP) – protocolo que define como dois programas/servidores devem interagir, de maneira que transfiram entre si comandos ou informação relativos ao WWW. O protocolo HyperText Transfer Protocol (HTTP) possibilita aos autores de hipertextos incluir comandos que permitem saltos para recursos e outros documentos disponíveis em sistemas remotos, de forma transparente para o usuário.

Integrated Service Digital Network (ISDN) – a Rede Digital Integradora de Serviços é uma evolução das linhas telefônicas atuais baseada em linhas digitais (e não analógicas), agora capaz de débitos muito mais elevados (a partir de 64 Kbps) e de melhor qualidade. Portanto, é um sistema telefônico digital que, mediante o uso de equipamentos especiais, permite enviar e receber voz e dados simultaneamente por uma linha telefônica. Essa rede digital, que integra serviços de diversas naturezas como voz, dados, imagens etc., deve substituir aos poucos a infraestrutura física atual de comunicações, em que cada serviço tende a trafegar por segmentos independentes. É com esse tipo de linhas que se pode pensar ter em casa, em futuro próximo, os videotelefones até agora só vistos em filmes ou exposições tecnológicas.

internauta – um "viajante" na Internet, alguém que navega na Internet.

Internet – 1. Com inicial maiúscula, significa a "rede das redes", originalmente criada nos Estados Unidos, que se tornou uma associação mundial de redes interligadas em mais de 70 países, que utilizam protocolos da família TCP/IP. A Internet provê transferência de arquivos, login remoto, correio eletrônico, news e outros serviços. Os meios de ligação dos computadores dessa rede são variados, indo desde rádio, linhas telefônicas, ISDN, linhas digitais, satélite, fibras ópticas etc. 2. Com inicial minúscula significa genericamente uma coleção de redes locais e/ou de longa distância, interligadas por pontes, roteadores e/ou gateways.

Internet 2 – projeto em execução nos Estados Unidos, com a participação de universidades, centros de pesquisa, agências do governo e indústria, para o desenvolvimento de uma nova família de aplicações avançadas, como tele-imersão, monitoração remota de pacientes, laboratórios virtuais e educação a distância, que exigem redes eletrônicas de alta velocidade e desempenho.

Internet Arquiteture Board (IAB) – grupo que supervisiona a manutenção dos protocolos TCP/IP e promulga outros padrões Internet.

Internet Network Information Center (InterNIC) – uma organização norte-americana que atribui números IP únicos a quem pedir e é também o gestor da raiz (topo da hierarquia) do Domain Name System (DNS) mundial. A InterNIC ainda armazena informações sobre a Internet, como dados sobre os diversos padrões da rede mundial. Seu endereço é ftp://internic.net.

Internet Protocol (IP) – um dos protocolos mais importantes do conjunto de protocolos da Internet, correspondendo ao nível 3 do modelo OSI. Responsável pela identificação das máquinas e redes e pelo encaminhamento correto das mensagens entre elas. Protocolo responsável pelo roteamento de pacotes entre dois sistemas que utilizam a família de protocolos TCP/IP desenvolvida e usada na Internet.

Internet Relay Chat (IRC) – 1. Serviço que possibilita a comunicação escrita on-line entre vários usuários pela Internet. É a forma mais próxima do que seria uma "conversa escrita" na rede. 2. Sistema que permite a interação de muitos usuários ao mesmo tempo, divididos por grupos de discussão. Ao contrário das news essa discussão é feita em diálogo direto textual. Os usuários desse sistema podem entrar num grupo já existente ou criar seu próprio grupo de discussão. 3. Área da Internet na qual é possível conversar, em tempo real, com uma ou mais pessoas.

Internet Society – organização internacional que coordena a Internet e suas tecnologias e seus aplicativos. Mais informações sobre a Internet Society podem ser obtidas no site http://www.isoc.org.

InterNIC – Ver *Internet Network Information Center*.

intranet – uma rede particular dentro de uma organização. As intranets utilizam com freqüência protocolos da Internet para entregar conteúdo. Elas são normalmente protegidas da Internet por servidores de segurança.

IP – Ver *Internet Protocol*.

IRC – Ver *Internet Relay Chat*.

Java – linguagem orientada a objeto de programação muito similar ao C++ ou C, destinada à criação de desenhos, textos e pinturas animadas e/ou interativas. Gera código intermediário (byte codes) que são interpretados em tempo de execução, o que, junto com sua biblioteca, torna a linguagem multiplataforma, permitindo que seu código seja executado nas mais diversas máquinas e nos mais variados sistemas operacionais (do computador aos eletrodomésticos), sem a necessidade de adaptação. A Sun Microsystems, que inventou a linguagem Java, desenvolveu um browser para leitura dos applets e das classes, e também um console para adaptação em outros navegadores. O Netscape

Navigator bem como o Microsoft Internet Explorer já possibilitam a execução de applets Java. Quando o usuário usa um navegador compatível com Java para exibir uma página que contém um applet Java, o código do applet é transferido para o seu sistema e executado pelo navegador.

Joint Photographic Experts Group (JPEG) – algoritmo para comprimir imagens, criado pela associação que lhe dá nome. Existe também o Motion JPEG (MPEG), que comprime imagens animadas.

JPEG – Ver *Joint Photographic Experts Group*.

Kbps – Ver *bits por segundo*.

keyword – Ver *palavra-chave*.

LAN – Ver *Local Area Network*.

largura de banda – na linguagem comum designa a quantidade de informação passível de ser transmitida por unidade de tempo, em determinado meio de comunicação (fio, onda de rádio, fibra óptica etc.). Em geral é medida em bits por segundo, kilobits por segundo, megabits por segundo, kilobytes por segundo, megabytes por segundo etc. Em canais analógicos, a largura de banda é medida em hertz e está relacionada com o débito efetivo de informação, mas é comum falar-se sempre em Kbps, Mbps ou outra.

linha dedicada – a maior parte das linhas que ligam as várias máquinas da Internet são linhas alugadas disponíveis em base permanente. Com uma linha dedicada um computador encontra-se em constante conexão com outro, com um provedor de serviços ou com uma rede remota.

link – Ver *hiperlink*.

lista de distribuição – lista de assinantes que se correspondem por correio eletrônico. Quando um dos assinantes escreve uma carta para determinado endereço eletrônico (de gestão da lista) todos os outros a recebem, o que permite que se formem grupos (privados) de discussão pelo correio eletrônico.

listas de discussão – fórum com interesse em um assunto específico cuja comunicação é feita pela distribuição das contribuições via e-mail.

listas de distribuição – Ver *listas de discussão*.

Listserv – software servidor que mantém os grupos de discussão, também conhecidos como newsgroups. É um dos mais populares programas de gerenciamento de listas de distribuição, ao lado do LISTPROC e do Marjodomo, permitindo acrescentar e remover os usuários de determinada lista de distribuição.

Local Area Network (LAN) – rede local com dois computadores ou algumas dezenas deles que não se estende além dos limites físicos de um edifício ou de um conjunto de prédios da mesma instituição, estando limitada a distâncias de até 10 km. Normalmente utilizada nas empresas para interligação local de seus computadores. Várias tecnologias que permitem a realização de uma rede local, sendo as mais importantes a Ethernet e o token ring de uma instituição.

login – 1. Identificação de um usuário perante um computador. Fazer o login é dar sua identificação de usuário ao computador. 2. No endereço eletrônico, login é o nome que o usuário usa para acessar a rede (por exemplo, Silva, em silva@express.com.br). Quando o usuário entra na rede, precisa digitar seu login, seguido de uma senha (password).

login remoto – acesso a um computador via rede para execução de comandos. Para todos os efeitos, o computador local que "loga" em um computador remoto passa a operar como se fosse um terminal deste último.

logout – ato de desconectar uma ligação a determinado sistema ou computador.

mailing list – Ver *lista de distribuição*.

mailing lists – Ver *listas de discussão*.

MAN – Ver *Metropolitan Area Network*.

Mbps – Ver *megabits por segundo*.

megabits por segundo (Mbps) – velocidade de tráfego de dados, equivalente a 10 milhões de bits por segundo.

megabyte – uma medida de tamanho de arquivo eletrônico equivalente a um milhão de bytes.

Metropolitan Area Network (MAN) – rede metropolitana de computadores com abrangência até algumas dezenas de quilômetros, interligando normalmente algumas centenas de computadores em dada região.

microsite – 1. Página publicada entre o banner e a entrada oficial do site, funcionando como um anúncio digital. 2. Sites de menor tamanho que podem ser hospedados em provedores de conteúdo ou redes, em geral com foco em determinado produto ou serviço.

mídia push – tecnologia que traz qualquer tipo de conteúdo da Internet para o computador, mesmo quando o usuário não está navegando, o que deve ser feito de comum acordo.

Mime – Ver *Multipurpose Internet Mail Extensions*.

mini site – Ver *microsite*.

mirror – Ver *espelho*.

modelo OSI – modelo conceitual de protocolo com sete camadas definido pela International Organization for Standardization (ISO), para compreensão e projeto de redes de computadores. Trata-se de uma padronização internacional para facilitar a comunicação entre computadores de diferentes fabricantes. O modelo OSI de referência para redes é constituído dos seguintes níveis (da mais baixa para a mais alta):

Número ou nível da camada	Nome da camada	Define protocolos para
1	Camada física	Hardware de interface, cabeamento, meio de comunicação
2	Camada de enlace dos dados	Transmissão de frames de dados de nó para nó
3	Camada de rede	Roteamento de dados, endereçamento e verificação
4	Camada de transporte	Estrutura de mensagens, entrega, verificação de erros parcial
5	Camada de sessão	Conexão, manutenção de comunicação, segurança, registro de eventos, rastreamento
6	Camada de apresentação	Codificação, conversão, formato de arquivo, apresentação de dados
7	Camada de aplicativo	Interação entre a rede e as aplicações

modem – pequeno aparelho, sob a forma de uma placa interna de expansão ou uma caixa instalada no painel posterior, que permite ligar um computador à linha telefônica, para assim estar apto a comunicar com outros. Ele converte os pulsos digitais do computador para freqüências de áudio (analógicas) do sistema telefônico, e as freqüências de volta para pulsos no lado receptor, daí o seu nome formado a partir de MOdulador – DEModulador. O modem ainda disca a linha, responde à chamada e controla a velocidade de transmissão, em bits por segundo (bps). Muitos modems são também capazes de realizar funções de fax. Sua aplicação mais importante consiste na ligação a BBS ou à Internet, por meio de um fornecedor de acesso.

moderador – pessoa que decide quais artigos serão postados em um grupo de notícias ou quais mensagens de correio eletrônico serão enviadas aos membros de uma lista de distribuição. O grupo de notícias ou lista de distribuição que possui um moderador é chamado *grupo de notícias moderado* ou *lista de distribuição moderada*.

Mosaic – o primeiro browser gráfico para o WWW, concebido nos Estados Unidos pelo National Center for Supercomputing Applications (NCSA). Com ele a Web tomou um grande impulso, pois foi a primeira ferramenta a permitir a visualização do WWW de forma gráfica e atraente. É hoje um programa cliente com capacidade multimídia, de fácil utilização para a busca de informações na Web e distribuído como freeware.

Motion Pictures Experts Group (MPEG) – 1. Grupo de trabalho criado para desenvolver padrões de compressão, descompressão, processamento e codificação de vídeos, áudio e sua combinação. 2. Algoritmo de compressão de arquivos de áudio e vídeo.

MP3 – Ver *Mpeg Layer-3*.

MPEG – Ver *Motion Pictures Experts Group*.

Mpeg Layer-3 – novo padrão que comprime música em arquivos pequenos, sem muita perda de qualidade, bastante utilizado para a distribuição de música na Internet.

Multipurpose Internet Mail Extensions (Mime) – 1. Conjunto de regras definidas para permitirem o envio de correio eletrônico (texto) com outros documentos (gráficos, sons etc.) anexos. 2. Extensão que permite o envio de arquivos que não sejam texto, via e-mail, como imagens, áudio e vídeo.

NAP – Ver *Network Access Point.*

National Science Foundation (NSF) – órgão do governo norte-americano que promove a ciência e a pesquisa, fundador da NSFNET, rede para ligação das universidades à Internet.

navegação – ato de conectar-se a diferentes computadores da rede distribuídos pelo mundo, usando as facilidades providas por ferramentas como browsers Web. O navegante da rede realiza uma "viagem" virtual explorando o ciberespaço, da mesma forma que o astronauta explora o espaço sideral. Cunhado por analogia ao termo empregado em Astronáutica.

navegador – Ver *browser.*

navegar – na Internet significa vaguear, passear, procurar informação, sobretudo na Web. O navegante da rede faz uma viagem virtual explorando o ciberespaço, assim como o astronauta explora o espaço sideral. Entre os mais radicais também se diz surfar.

netiqueta – combinação de net e etiqueta, conjunto de regras e conselhos para uma boa utilização da rede Internet, de modo que se evitem erros próprios de novatos quando há interação com outros usuários, mais experientes. A netiqueta baseia-se no simples e elementar bom senso, ditando um conjunto de regras de etiqueta para o uso socialmente responsável da Internet, ou seja, o modo como os usuários devem proceder na rede para evitar irritar os outros, em especial na utilização de correio eletrônico. Por exemplo, escrever com letras maiúsculas é equivalente a gritar numa conversa.

network – Ver *rede.*

Network Access Point (NAP) – dos principais pontos de interconexão da rede mundial, o Network Access Point liga sub-redes menores aos backbones da Internet.

Network Informations Center (NIC) – centro de informação e assistência ao usuário da Internet, que deixa disponíveis documentos, como Request for Comments (RFC), Frequently Asked

Questions (FAQ) e For Your Information (FYI), realizando treinamentos etc.

Network News Transport Protocol (NNTP) – protocolo para a transferência dos grupos de news da Usenet e mensagens de controle.

newsgroup – Ver *grupos de discussão*.

NIC – Ver *Network Informations Center*.

NNTP – Ver *Network News Transport Protocol*.

nó – 1. Qualquer dispositivo, inclusive servidores e estações de trabalho, ligado a uma rede. 2. Qualquer computador na Internet, um host.

nome de domínio – Na Internet, o nome de um computador ou grupo de computadores, utilizado para identificar o local eletrônico (e, às vezes, geográfico) do computador para transmissão de dados. É uma parte da hierarquia de nomes de grupos ou hosts da Internet, que permite identificar as instituições ou o conjunto de instituições na rede. O nome de domínio contém com freqüência o nome de uma organização e inclui sempre um sufixo de duas ou três letras que designa o tipo de organização ou o país do domínio. Por exemplo, no nome do domínio microsoft.com, "microsoft" é o nome da organização e "com", a abreviação de comercial, indica uma organização comercial. Outros sufixos usados dentro dos Estados Unidos incluem "gov" (governo), "edu" (instituição educacional), "org" (organização, em geral uma instituição sem fins lucrativos) e "net" (para as redes pertencentes à Internet). Fora dos Estados Unidos, sufixos de duas letras denotam o país do domínio, por exemplo, "uk" (Reino Unido), "de" (Alemanha) e "jp" (Japão).

NSF – Ver *National Science Foundation*.

offline – 1. Literalmente, "fora da linha". Significa que nenhuma ligação – seja por linha telefônica ou outra – está no momento ativa. Por exemplo, a leitura de e-mail offline implica que se possa ler e-mail no seu próprio computador sem que ele esteja ligado ao servidor, desde que, naturalmente, as mensagens tenham sido transferidas previamente para esse computador. As ligações offline não permitem a navegação interativa na Internet, pois o computador não pode enviar comandos e receber dados em tempo real. 2. Não conectado à Internet.

online – por oposição a offline, online significa "estar em linha", estar ligado em determinado momento à rede ou a outro computador. Para uma pessoa, na Internet, "estar online", é necessário que nesse momento ela esteja usando a Internet e que tenha, portanto, efetuado o login em um computador específico da rede.

pacote – dado encapsulado para transmissão na rede. Um conjunto de bits que compreende informação de controle, endereço, fonte e destino dos nós envolvidos na transmissão. Tudo circula pela Internet como um pacote. Ao enviar uma informação, por exemplo, ela é desmembrada em pacotes pelo computador emissor e depois recomposta pelo computador receptor. Na verdade, essa divisão e posterior remontagem de pacotes é feita pelo protocolo TCP/IP.

página – estrutura individual de conteúdo na World Wide Web, definida por um único arquivo HTML e referenciada por um único URL.

palavra-chave – palavra utilizada em ferramentas de busca ou base de dados, que traz em si o significado de um assunto; por meio dela é possível localizá-lo.

password – senha usada para identificação do usuário, que deve ser secreta, passada em conjunto com o login, que não é secreto como a password.

PDF – Ver *Portable Document Format*.

peer-to-peer – arquitetura de rede não-hierárquica, na qual cada computador da rede pode comunicar-se diretamente com outros nós e funcionar como cliente e servidor.

PGP – Ver *Pretty Good Privacy*.

pixel – um único ponto em um monitor ou em uma imagem de bitmap. Originou-se da expressão em inglês *picture element*, ou seja, elemento da imagem.

plataforma – o hardware e o software do sistema que constituem a fundação básica de um sistema de computador.

plug-in – um módulo, componente ou acessório de software que estende a capacidade de um aplicativo, em geral para permitir

203

que ele leia ou exiba arquivos de um tipo específico. No caso de navegadores da Web, os plug-ins permitem a exibição de conteúdo em rich text, áudio, vídeo e animação.

ponte – dispositivo que conecta duas ou mais redes de computadores transferindo, seletivamente, dados entre ambas.

porta de comunicação – computador ou material dedicado que serve para interligar duas ou mais redes que usem protocolos de comunicação internos diferentes, ou computador que interliga uma rede local à Internet (é, portanto, o nó de saída para a Internet). 1. Sistema que possibilita o intercâmbio de serviços entre redes com tecnologias completamente distintas, como Bitnet e Internet: 2. Sistema e convenções de interconexão entre duas redes de mesmo nível e idêntica tecnologia, mas sob administrações distintas. 3. Roteador (na terminologia TCP/IP).

Portable Document Format (PDF) – formato de arquivo criado pela Adobe que permite o envio de documentos formatados para que sejam vistos ou impressos em outro lugar, sem a presença do programa que os gerou. Os arquivos PDF são criados pelo programa Adobe Acrobat, que se compõe de duas partes: um gerador e um leitor de arquivos. O primeiro (Acrobat) é vendido pela Adobe; o segundo (Acrobat Reader) pode ser baixado gratuitamente no endereço Web www.adobe.com.

portal – site que funciona como porta de entrada à Internet, oferecendo desde serviços como e-mail e bate-papo até links para sites de conteúdos diversos.

Pretty Good Privacy (PGP) – programa utilitário para a codificação de mensagens de texto, idealizado por Philip Zimmerman. Uma mensagem assim enviada é inquebrável e só seu destinatário pode decodificá-la, dando para isso uma chave que apenas ele conhece.

programas CGI – scripts que obedecem a uma especificação (a Common Gateway Interface – CGI) para troca de dados com servidores Web. Podem ser escritos em diferentes linguagens de programação, entre elas C, Perl, Java e Visual Basic. Por exemplo, usam programas CGI para processar as informações quando o usuário clica no botão Enviar.

protocolo – um acordo sobre um conjunto de regras que permite que os computadores ou programas se comuniquem e controla inúmeros aspectos da comunicação, como a ordem na qual os bits são transmitidos, as regras para abertura e manutenção de uma conexão, o formato de uma mensagem eletrônica. Constituindo uma descrição formal de formatos de mensagem e das regras a que dois computadores devem obedecer ao trocar mensagens, o protocolo é para os computadores o que uma linguagem (língua) é para os humanos. O protocolo básico utilizado na Internet é o TCP/IP.

provedor de acesso – instituição que se liga à Internet, via um Ponto de Presença ou outro provedor, para obter conectividade IP e repassá-la a outros indivíduos e instituições, em caráter comercial ou não. O provedor de acesso torna possível ao usuário final a conexão à Internet mediante uma ligação telefônica local.

provedor de conteúdo – instituição cuja finalidade principal é coletar, manter e/ou organizar informações on-line para acesso pela Internet por parte de assinantes da rede. Essas informações podem ser de acesso público incondicional, caracterizando assim um provedor não comercial ou, no outro extremo, constituir um serviço comercial com tarifas ou assinaturas cobradas pelo provedor.

provedor de informação – Ver *provedor de conteúdo*.

provedor de serviço – tanto o provedor de acesso quanto o provedor de conteúdo ou informação.

push media – tecnologia que traz qualquer tipo de conteúdo da Internet para o computador, mesmo quando o usuário não está navegando, o que deve ser feito de comum acordo.

readme – arquivo de texto ("leia-me") que deve ser lido antes de iniciada a utilização ou instalação de determinado programa, sistema, computador etc. Contém em geral informações que podem poupar tempo ao usuário.

realidade virtual – espaço em 3D gerado por computador que simula um ambiente físico orgânico.

rede – grupo de computadores e outros dispositivos conectados por canais de comunicação para possibilitar o compartilhamento de arquivos e outros recursos entre usuários.

Rede Local – uma rede com dois computadores ou algumas dezenas deles que não se estende além dos limites físicos de um edifício ou de um conjunto de prédios da mesma instituição, estando limitada a distâncias de até 10 km. Normalmente utilizada nas empresas para interligação local de seus computadores. Várias tecnologias permitem a realização de uma rede local, sendo as mais importantes a Ethernet e o token ring de uma instituição.

remoto – designa um host ou outro recurso da rede localizado em um computador ou em uma rede, em oposição ao host ou recurso local.

repetidor – dispositivo que liga trechos de cabos e aumenta a intensidade do sinal que está sendo repassado para reduzir o ruído de linha e aumentar a distância que eles podem percorrer.

reply – 1. Comando de correio eletrônico utilizado para responder automaticamente a um e-mail, tornando o seu endereço o destinatário de uma nova mensagem. 2. Mensagem enviada em resposta a uma mensagem de correio eletrônico ou a um artigo da Usenet anteriores.

Requests for Comment (RFC) – constituem uma série de documentos editados desde 1969 que descrevem aspectos relacionados com a Internet, como padrões, protocolos, serviços, recomendações operacionais etc. Em geral, uma RFC é muito densa do ponto de vista técnico.

RFC – Ver *Requests for Comment*.

roteador – dispositivo responsável pelo encaminhamento de pacotes de comunicação em uma rede ou entre redes. Tipicamente, uma instituição, ao se conectar à Internet, deverá adquirir um roteador para conectar sua Rede Local (LAN) ao Ponto de Presença mais próximo. Roteadores vivem se falando aos pares, como modems.

Secure Socket Layer (SSL) – padrão de comunicação utilizado para permitir a transferência segura de informações pela Internet.

serviço on-line – assinatura paga por um serviço que oferece acesso aos arquivos armazenados na rede, informação, jogos, programas e conexão à Internet via gateways. Os recursos de um serviço on-line podem ser relatórios de notícias ou informações financeiras, apresentadas em formato organizado. Três serviços on-line conhecidos são America Online (AOL), CompuServe e The Microsoft Network (MSN).

servidor – um computador na Internet que oferece determinados serviços. 1. No modelo cliente-servidor, é o programa responsável pelo atendimento a determinado serviço solicitado por um cliente. Serviços como Archie, Gopher, WAIS e WWW são providos por servidores. 2. Referindo-se a equipamento, servidor é um sistema que provê recursos como armazenamento de dados, impressão e acesso dial-up a usuários de uma rede de computadores.

servidor de FTP – computador que tem arquivos de software, texto, imagem, som e vídeo acessíveis por meio de programas que usem o protocolo de transferência de arquivos File Transfer Protocol (FTP).

shareware – 1. Software que é distribuído livremente, desde que seja mantido seu formato original, sem modificações, e seja dado o devido crédito a seu autor. Normalmente, foi feito para ser testado um curto tempo (período de teste/avaliação) e, caso seja usado, o utilizador tem a obrigação moral de enviar o pagamento a seu autor (na ordem de algumas – poucas – dezenas de dólares). Quando é feito o registro, é normal receber-se um manual impresso do programa, assim como uma versão aperfeiçoada, possibilidade de assistência técnica e informações acerca de novas versões. 2. Programa disponível publicamente para avaliação e uso experimental, mas cujo uso em regime pressupõe que o usuário pagará uma licença ao autor. Note-se que shareware é distinto de freeware, no sentido de que um software em shareware é comercial, embora em termos e preços diferenciados em relação a um produto comercial "ortodoxo".

signature – em geral a porção de texto incluída como assinatura no fim de uma carta eletrônica ou de um artigo de news (neste caso, pelas normas, deve ser inferior a quatro linhas, de 80 caracteres no máximo cada uma, sem tabulação e códigos, apenas os caracteres ASCII normais). Por vezes chamada ".sig" ou ".signature", pois são esses os nomes dos arquivos que contêm a assinatura propriamente dita.

Simple Mail Transfer Protocol (SMTP) – protocolo utilizado entre os programas que transferem correio eletrônico de um computador para outro.

site – 1. No mundo virtual, um endereço cuja porta de entrada é sempre sua home page. 2. Um site da Internet é um dos nós/computadores existentes. Por exemplo, um site FTP é um computador que em algum lugar oferece o serviço de FTP (idêntico a FTP server). 3. Uma instituição onde computadores são instalados e operados; 4. Um nó Internet.

site FPT – Ver *servidor de FTP*.

smiley – Ver *emoticon*.

SMTP – Ver *Simple Mail Transfer Protocol*.

software de domínio público – programa disponível publicamente, segundo condições estabelecidas pelos autores, sem custo de licenciamento para uso. Em geral, o software é utilizável sem custos para fins estritamente educacionais, e não tem garantia de manutenção ou atualização. Um dos grandes trunfos da Internet é a quantidade praticamente inesgotável de software de domínio público, com excelente qualidade, que circula pela rede.

software 3D – programa gráfico capaz de representar objetos em três dimensões, como os softwares de CAD/CAM, games e pacotes de animação.

spam – 1. Publicação do mesmo artigo de news em vários grupos de discussão, que costuma resultar em desperdício de espaço em disco e largura de banda nos meios de transmissão. 2. Enviar uma quantidade muito grande de material para a Usenet.

spamming – Ver *spam*.

SSL – Ver *Secure Socket Layer*.

streaming – dados e arquivos distribuídos dinamicamente, ou seja, não é necessário aguardar que um arquivo seja baixado pelo browser para ser exibido, pois isso acontece durante o download e, em alguns casos, conforme a navegação do usuário.

TCP – Ver *Transmission Control Protocol*.

TCP/IP – Ver *Transmission Control Protocol/Internet Protocol*.

Telnet – protocolo/programa que permite a ligação de um computador a outro, funcionando o primeiro como se fosse um terminal remoto do segundo. O computador que "trabalha" é o segundo enquanto o primeiro apenas visualiza no monitor os resultados e envia os caracteres digitados (comandos) em seu teclado.

thread – normalmente existem vários threads dentro de um grupo de discussão. Um thread representa um assunto específico nele debatido e é composto por um ou mais artigos.

token ring – um tipo de arquitetura de rede – tipicamente no padrão IBM – na qual nós são conectados em um círculo fechado. Os nós passam continuamente um *token*, que é uma mensagem especial, de um para o outro ao longo do círculo. Para transmitir dados, um nó tem de esperar até que ele seja o nó "da vez", isto é, o detentor do *token*. Só então os dados navegam juntamente com o *token* ao longo da rede até "saltar" na parada correta.

tone – tonalidade. Uma linha telefônica por tonalidade (multifreqüência) é aquela em que a marcação de um número se traduz no envio de sinais em diferentes freqüências (sons diferentes). A marcação de um número (estabelecimento de chamada) nesse tipo de linha é mais rápida que numa linha por impulsos.

transferência – processo de solicitar e transferir um arquivo de um computador remoto para um computador local e salvar o arquivo no computador local, geralmente via modem ou rede.

transferência de arquivos – cópia de arquivos entre duas máquinas via rede. Na Internet, implantada e conhecida por File Transfer Protocol (FTP).

Transmission Control Protocol (TCP) – um dos protocolos Internet do conjunto TCP/IP, que implementa o nível 4 do modelo OSI, mediante o transporte de mensagens com ligação lógica.

Transmission Control Protocol/Internet Protocol (TCP/IP) – conjunto de protocolos da Internet, que define como se processam as comunicações entre os vários computadores. É a linguagem universal da Internet e pode ser implementada em virtualmente qualquer tipo de computador, pois é independente do hardware. Em geral, além dos protocolos TCP e IP (talvez os dois mais importantes), o nome TCP/IP designa também o conjunto dos restantes protocolos Internet: UDP, ICMP etc.

3D – área da computação gráfica que cuida da geração de objetos em três dimensões exibidos em espaços bidimensionais, como a tela do monitor do micro. O pixel de duas dimensões tem três propriedades: posição, cor e brilho. O pixel 3D agrega um quarto atributo, a profundidade, que indica a localização do ponto em um eixo Z, imaginário. Quando combinados, os pontos 3D formam uma superfície de três dimensões, chamada textura. Esta, além de dar a idéia de volume, mostra o grau de transparência do objeto.

Uniform Resource Locator (URL) – localizador que permite identificar e acessar um serviço na Web. O URL pretende uniformizar a maneira de designar a localização de determinado tipo de informação na Internet, seja ele obtido por HTTP, FTP, Gopher etc. Um URL consiste geralmente em quatro partes: protocolo, servidor (ou domínio), caminho e nome do arquivo, embora às vezes não haja um caminho ou nome de arquivo.

Unix – sistema operacional avançado, muito usado na Internet, que permite que vários usuários compartilhem os recursos de um computador ao mesmo tempo.

Unix to Unix CoPy (UUCP) – coleção de programas para intercomunicação de sistemas Unix. Possibilita transferência de arquivos, execução de comandos e correio eletrônico.

Unix User Network – Ver *Usenet*.

URL – Ver *Uniform Resource Locator*.

Usenet – sigla de *User Network*, ou seja, "rede de usuários". 1. O conjunto de computadores e redes que compartilha artigos da Usenet. 2. Os grupos de discussão na hierarquia tradicional de grupos. 3. Um sistema de BBS eletrônico em que os leitores podem compartilhar informações, idéias, dicas e opiniões.

usuário – o que utiliza os serviços de um computador, normalmente registrado por meio de um login e de uma password.

UUCP – Ver *Unix to Unix CoPy*.

uudecode – programa criado para descodificar um arquivo de texto e transformá-lo no binário correspondente. Junto com o uuencode, permite que se transfiram binários (portanto, qualquer software) por um simples arquivo de texto.

Veronica – Ver *Very Easy Rodent-Oriented Net-wide Index to Computerized Archives*.

Very Easy Rodent-Oriented Net-wide Index to Computerized Archives (Veronica) – ferramenta para pesquisa no Gopher-Space, o conjunto de servidores Gopher disponíveis na Internet. Procura informações por palavras-chave ou assuntos.

Virtual Reality Modelling Language (VRML) – padrão emergente que permite a modelagem e a navegação através de um ambiente 3D em browsers que a suportam.

vírus – com referência a computadores, um programa nocivo criado pelo homem que procura e "contamina" outros programas incorporando neles uma cópia de si mesmo. Quando um programa contaminado é executado, o vírus é ativado. Um vírus pode residir passivamente durante algum tempo dentro de um computador, sem o conhecimento do usuário, às vezes espalhando-se por outros locais, ou ser executado imediatamente. Ao ser executado, ele pode ter diversos efeitos, desde o aparecimento de mensagens irritantes (porém inofensivas) na tela do computador até a destruição de arquivos existentes no disco rígido do computador. Os vírus de computador são disseminados pela introdução de arquivos de um computador em outro, por meio de disquete ou de uma rede (incluindo a Internet). Um usuário de computador inteligente vai prevenir-se utilizando um programa antivírus atualizado, disponível comercialmente em diversos sites da Internet.

VRML – Ver *Virtual Reality Modeling Language (VRML)*.

W3 – Ver *World Wide Web*.

WAIS – Ver *Wide Area Information Server*.

WAN – Ver *Wide Area Network*.

Web – Ver *World Wide Web*.

webmaster – profissional encarregado de desenvolver as páginas Web de um site e, muitas vezes, também responsável pela operação do servidor.

What You See Is What You Get (WYSIWYG) – sigla atribuída a softwares que mostram na tela do monitor do micro os arquivos como de fato eles são e como serão impressos.

Wide Area Information Server (WAIS) – serviço que permite a procura de informações em bases de dados distribuídas, cliente/servidor, por meio de uma interface bastante simples. Sua principal peculiaridade é a conversão automática de formatos para visualização remota de documentos e dados.

Wide Area Network (WAN) – rede de longa distância que utiliza linhas telefônicas dedicadas e/ou satélites para interconectar redes locais (as LANs) através de grandes distâncias geográficas separadas por até milhares de quilômetros.

World Wide Web – literalmente, teia de alcance mundial. Serviço que oferece acesso, por meio de hiperlinks, a um espaço multimídia da Internet. Responsável pela popularização da rede, que agora pode ser acessada por interfaces gráficas de uso intuitivo, como o Netscape, o Internet Explorer ou o Mosaic, a World Wide Web possibilita uma navegação mais fácil pela Internet.

www – Ver *World Wide Web*.

Bibliografia

ANDRADE, Cândido Teobaldo de Souza. *Curso de relações públicas.* 3. ed. São Paulo: Loyola, 1986.

_____. *Psicossociologia das relações públicas.* 2. ed. São Paulo: Loyola, 1989.

BARRETO, Alexandre. *Sites de 3ª geração.* 23/7/1999. (http://tutorial.virtualave.net/Detalhes/79.html)

CANFIELD, Bertrand R. *Relações públicas.* 2. ed. Trad. Olívia Krähenbühl. São Paulo: Pioneira, 1970. 2. vols.

CAYWOOD, Clarke L. (ed.). *The handbook of public relations & integrated communications.* Nova York: McGraw-Hill, 1997.

CRESPO, Rose. *Pós-venda virtual.* 7/7/2000. (http://www2.uol.com.br/info/ie156/estudo.shl)

CRUMLISH, Christian. *O dicionário da Internet.* Trad. Carlos Alberto Teixeira, Astrid Heilmann. Rio de Janeiro: Campus, 1997.

ELLSWORTH, Jill H. & ELLSWORTH, Matthew V. *Marketing on the Internet.* 2. ed. Nova York: John Wiley & Sons, 1997.

FARAH, Paulo Daniel. "Nem 5% do mundo usa Internet, diz ONU". *Folha de S.Paulo*, São Paulo, 23 jun. 2000, p. A13.

Ford Brasil Ltda. *Política ambiental.* 4/12/2000. (http://www.ford.com.br/ford/index.htm)

FORTES, Débora. "E-mail: uma história de amor e ódio". *Info Exame*, São Paulo, ano 15, nº 175, out. 2000, pp. 34-46.

FREEO, Sandra K. Clawson. *Crisis communication plan: a blue print for crisis communication.* 4/12/2000. (http://www.niu.edu/newsplace/crisis.html)

GAHRAN, Amy. *How to think like a publisher. Part 3: Content drives online competition.* 27/6/2000. (http://www.contentious.com/articles/1-6/editorial1-6.html)

GREGO, Maurício. *Como montar sua intranet.* 7/7/2000. (http://www2.uol.com.br/info/arquivo/ie121/intranet.html

GUROVITZ, Helio & LOPES, Mikhail. "Como caçar clientes no ciberespaço". *Exame*, São Paulo, ano 30, nº 11, 21 maio 1997. (Versão 97 atualizada e ampliada. CD-ROM.)

HARRIS, Thomas L. *Value-added public relations: the secret weapon of integrated marketing.* Lincolnwood, Chicago: NTC, 1998.

HOKAMA, Marçal de Lima. *Sites que promovem concursos ou indicam outros sites.* 25/8/1999. (http://members.tripod.com/marcalhokama/div_concursos.htm)

HOLTZ, Shel. *Public relations on the net: winning strategies to inform and influence the media, the investment community, the government, the public, and more!* Nova York: American Management Association, 1999.

KUNSCH, Margarida Maria Krohling (org.). *Obtendo resultados com relações públicas.* São Paulo: Pioneira, 1997. (Biblioteca pioneira de administração e negócios.)

MADUREIRA, Francisco. "Distância da tela é importante". *Folha de S.Paulo*, São Paulo, 12 jul. 2000, p. F8.

MARTINS, Ivan. "O império da rede". *Exame*, São Paulo, ano 29, nº 2, 17 jan. 1996. (Versão 97 atualizada e ampliada. CD-ROM.)

MZ Consult. *Top 5 Brasil.* 20/11/2000. (http://www.mzconsult.com.br/top5/index.html)

NIELANDER, William A. *Practica de las relaciones públicas.* Trad. esp. Conrad Niell i Sureda. Barcelona: Hispano Europea, 1973.

NOGUEIRA, Nemércio. "RP: princípios e mecanismos". *Mercado Global*, São Paulo, nº 64, jul./ago. 1985, p. 45.

_____. *Media training.* São Paulo: Cultura, 1999.

OLIVEIRA, Mateus Furlanetto de. *Converter a crise em oportunidade: como as relações públicas podem auxiliar a empresa em situações de crise.* 12/7/2000. (http://www.aberje.com.br/univer/univer1.htm)

PERRONE, Roberto. (ed. chefe). "Consultoria avalia sites". *Meiodigital*, São Paulo, ano 1, nº 6, out. 2000, p. 25.

PETROBRAS. *Registro cronológico do acidente e ações de emergência da Petrobras*. 26/6/2000. (http://www.petrobras.com.br/a-crono.htm)

PINHO, J. B. *Publicidade e vendas na Internet: técnicas e estratégias*. São Paulo: Summus, 2000. (Coleção Novas Buscas em Comunicação, 61.)

PRADO JÚNIOR, Derly. "Por quem eu chamo?" *Internet World*, Rio de Janeiro, nº 39, nov. 1998, pp. 44-6.

RADFAHRER, Luli. *Design/web/design*. São Paulo: Market Press, 1999.

RAMOS, Tagil Oliveira. "HTML? Esqueça". *Info Exame*, São Paulo, ano 14, nº 161, ago. 1999, pp. 68-70.

RESENDE, Marcos Cabral. "Divulgando seu website". *Internet.br*, Rio de Janeiro, ano 4, nº 37, jun. 1999, pp. 82-6.

SHERWIN, Gregory R. & AVILA, Emily N. *Connecting online: creating a successful image on the internet*. Central Point, Oregon: The Oasis Press, 1999. (PSI Successful business library.)

SHIVA, V. A. *The Internet publicity guide: how to maximize your marketing and promotion in cyberspace*. Nova York: Allworth Press, 1997.

SIEGEL, David. "Deixe o cliente falar". *Exame*, São Paulo, ano 34, nº 9, 3 maio 2000, pp. 132-6.

SIQUEIRA, Luiz. "Os dez mandamentos de um site de sucesso". *www.com.br*, São Paulo, ano 1, nº 1, maio 2000, pp. 26-8.

STERNE, Jim. *Customer service on the Internet: building relationships, increasing loyalty, and staying competitive*. Nova York: John Wiley, 1996.

VASSOS, Tom. *Marketing estratégico na Internet: estratégias comprovadas para você ter sucesso com o marketing de seus produtos e serviços*. Trad. Arão Sapiro. São Paulo: Makron Books, 1997.

VILLAS-BOAS, André. "Tipografia adequada garante eficácia na comunicação". *Design Gráfico*, São Paulo, ano 4, nº 36, abr. 2000, pp. 44-8.

VITALE, Joe. *Cyber writing: how to promote your product or service online (whithout being flamed)*. Nova York: American Management Association, 1997.

WILCOX, Dennis L; AULT, Phillip H. & AGEE, Warren K. *Public relations: strategies and tactics*. 2. ed. Nova York: Harper & Row, 1989.

WITMER, Diane F. *Spinning the web: a handbook of public relations on the Internet*. Nova York: Longman, 2000.

JOSÉ BENEDITO PINHO nasceu em Campinas em fevereiro de 1951. Formou-se em Comunicação Social, na habilitação em Publicidade e Propaganda, pela Pontifícia Universidade Católica de Campinas (Puccamp), em 1973, sendo mestre e doutor em Ciências da Comunicação pela Escola de Comunicação e Artes da Universidade de São Paulo (ECA-USP), títulos obtidos em 1989 e em 1994, respectivamente.

Lecionou diversas disciplinas de Comunicação Social e de Publicidade na Puccamp, na Universidade Metodista de Piracicaba (Unimep), na Universidade Estadual Paulista Júlio de Mesquita Filho (Unesp – Campus de Bauru), e, desde 1996, atua como professor da área de Comunicação e Marketing Rural da Universidade Federal de Viçosa (MG).

Foi membro da Comissão de Especialistas em Ensino de Comunicação Social da Secretaria de Educação Superior do Ministério da Educação e do Desporto (Sesu/MEC), de 1995 a 1998. No biênio 1997-1999 editou a *Revista Brasileira de Ciências da Comunicação*, publicação científica da Sociedade Brasileira de Estudos Interdisciplinares da Comunicação (Intercom). Ainda na Intercom desempenhou as funções de diretor editorial, para o triênio 1999-2002.

É autor dos livros *Propaganda institucional: usos e funções da propaganda em relações públicas* (São Paulo: Summus, 1999, 3. ed.), *O poder das marcas* (São Paulo, Summus, 1996), *Publicidade e vendas* na Internet: técnicas e estratégias (São Paulo: Summus, 2000) e *Comunicação em marketing: princípios da comunicação mercadológica* (Campinas-SP: Papirus, 2001, 5. ed. revista e atualizada). Colaborou com artigos nas coletâneas *Comunicação e educação: caminhos cruzados* (São Paulo: Loyola, 1986); *Comunicação, memória & resistência* (São Paulo: Paulinas, 1989); *O ensino de comunicação: análises, tendências e perspectivas* (São Paulo: Abecom, ECA/USP, 1992); *Publicidade: análise da produção publicitária e da formação profissional* (São Paulo: Instituto Municipal de Ensino Superior de São Caetano do Sul, Asociación Latinoamericana de Investigadores de la Comunicación, 1998).

Organizou as coletâneas *Trajetória e questões contemporâneas da publicidade brasileira* (São Paulo: Intercom, Sociedade Brasileira de Estudos Interdisciplinares da Comunicação, 1998, 2. ed.); *Anuário Intercom de Iniciação Científica em Comunicação Social 1997* (São Paulo: Intercom, Sociedade Brasileira de Estudos Interdisciplinares da Comunicação, 1997); *Anuário Intercom de Iniciação Científica em Comunicação Social 1998* (São Paulo, Intercom, Sociedade Brasileira de Estudos Interdisciplinares da Comunicação, 1998); e foi co-organizador de *O agronegócio brasileiro: desafios e perspectivas* (Brasília: Sociedade Brasileira de Economia e Sociologia Rural, 1998).

NOVAS BUSCAS EM COMUNICAÇÃO
VOLUMES PUBLICADOS

1. *Comunicação: teoria e política* — José Marques de Melo.
2. *Releasemania — uma contribuição para o estudo do press-release no Brasil* — Gerson Moreira Lima.
3. *A informação no rádio — os grupos de poder e a determinação dos conteúdos* — Gisela Swetlana Ortriwano.
4. *Política e imaginário nos meios de comunicação para massas no Brasil* — Ciro Marcondes Filho (organizador).
5. *Marketing político e governamental — um roteiro para campanhas políticas e estratégias de comunicação* — Francisco Gaudêncio Torquato do Rego.
6. *Muito além do Jardim Botânico — um estudo sobre a audiência do Jornal Nacional da Globo entre trabalhadores* — Carlos Eduardo Lins da Silva.
7. *Diagramação — o planejamento visual gráfico na comunicação impressa* — Rafael Souza Silva.
8. *Mídia: o segundo Deus* — Tony Schwartz.
9. *Relações públicas no modo de produção capitalista* — Cicilia Krohling Peruzzo.
10. *Comunicação de massa sem massa* — Sérgio Caparelli.
11. *Comunicação empresarial/comunicação institucional — Conceitos, estratégias, planejamento e técnicas* — Francisco Gaudêncio Torquato do Rego.
12. *O processo de relações públicas* — Hebe Wey.
13. *Subsídios para uma Teoria da Comunicação de Massa* — Luiz Beltrão e Newton de Oliveira Quirino.
14. *Técnica de reportagem — notas sobre a narrativa jornalística* — Muniz Sodré e Maria Helena Ferrari.
15. *O papel do jornal — uma releitura* — Alberto Dines.
16. *Novas tecnologias de comunicação — impactos políticos, culturais e socioeconômicos* — Anamaria Fadul (organizadora).
17. *Planejamento de relações públicas na comunicação integrada* — Margarida Maria Krohling Kunsch.
18. *Propaganda para quem paga a conta — do outro lado do muro, o anunciante* — Plinio Cabral.
19. *Do jornalismo político à indústria cultural* — Gisela Taschner Goldenstein.
20. *Projeto gráfico — teoria e prática da diagramação* — Antonio Celso Collaro.
21. *A retórica das multinacionais — a legitimação das organizações pela palavra* — Tereza Lúcia Halliday.
22. *Jornalismo empresarial* — Francisco Gaudêncio Torquato do Rego.
23. *O jornalismo na nova república* — Cremilda Medina (organizadora).
24. *Notícia: um produto à venda — jornalismo na sociedade urbana e industrial* — Cremilda Medina.
25. *Estratégias eleitorais — marketing político* — Carlos Augusto Manhanelli.
26. *Imprensa e liberdade — os princípios constitucionais e a nova legislação* — Freitas Nobre.
27. *Atos retóricos — mensagens estratégicas de políticos e igrejas* — Tereza Lúcia Halliday (organizadora).

28. *As telenovelas da Globo — produção e exportação* — José Marques de Melo.
29. *Atrás das câmeras — relações entre cultura, Estado e televisão* — Laurindo Lalo Leal Filho.
30. *Uma nova ordem audiovisual — novas tecnologias de comunicação* — Cândido José Mendes de Almeida.
31. *Estrutura da informação radiofônica* — Emilio Prado.
32. *Jornal-laboratório — do exercício escolar ao compromisso com o público leitor* — Dirceu Fernandes Lopes.
33. *A imagem nas mãos — o vídeo popular no Brasil* — Luiz Fernando Santoro.
34. *Espanha: sociedade e comunicação de massa* — José Marques de Melo.
35. *Propaganda institucional — usos e funções da propaganda em relações públicas* — J. B. Pinho.
36. *On camera — o curso de produção de filme e vídeo da BBC* — Harris Watts.
37. *Mais do que palavras — uma introdução à teoria da comunicação* — Richard Dimbleby e Graeme Burton.
38. *A aventura da reportagem* — Gilberto Dimenstein e Ricardo Kotscho.
39. *O adiantado da hora — a influência americana sobre o jornalismo brasileiro* — Carlos Eduardo Lins da Silva.
40. *Consumidor versus propaganda* — Gino Giacomini Filho.
41. *Complexo de Clark Kent — são super-homens os jornalistas?* — Geraldinho Vieira.
42. *Propaganda subliminar multimídia* — Flávio Calazans.
43. *O mundo dos jornalistas* — Isabel Siqueira Travancas.
44. *Pragmática do jornalismo — buscas práticas para uma teoria da ação jornalística* — Manuel Carlos Chaparro.
45. *A bola no ar — o rádio esportivo em São Paulo* — Edileuza Soares.
46. *Relações públicas: função política* — Roberto Porto Simões.
47. *Espreme que sai sangue — um estudo do sensacionalismo na imprensa* — Danilo Angrimani.
48. *O século dourado — a comunicação eletrônica nos EUA* — S. Squirra.
49. *Comunicação dirigida escrita na empresa — teoria e prática* — Cleuza G. Gimenes Cesca.
50. *Informação eletrônica e novas tecnologias* — María-José Recoder, Ernest Abadal, Lluís Codina e Etevaldo Siqueira.
51. *É pagar para ver — a TV por assinatura em foco* — Luiz Guilherme Duarte.
52. *O estilo magazine — o texto em revista* — Sergio Vilas Boas.
53. *O poder das marcas* — J. B. Pinho.
54. *Jornalismo, ética e liberdade* — Francisco José Karam.
55. *A melhor TV do mundo — o modelo britânico de televisão* — Laurindo Lalo Leal Filho.
56. *Relações públicas e modernidade — novos paradigmas em comunicação organizacional* — Margarida Maria Krohling Kunsch.
57. *Radiojornalismo* — Paul Chantler e Sim Harris.
58. *Jornalismo diante das câmeras* — Ivor Yorke.
59. *A rede — como nossas vidas serão transformadas pelos novos meios de comunicação* — Juan Luis Cebrián.
60. *Transmarketing — estratégias avançadas de relações públicas no campo do marketing* — Waldir Gutierrez Fortes.
61. *Publicidade e vendas na Internet — técnicas e estratégias* — J. B. Pinho.
62. *Produção de rádio — um guia abrangente da produção radiofônica* — Robert McLeish.
63. *Manual do telespectador insatisfeito* — Wagner Bezerra.
64. *Relações públicas e micropolítica* — Roberto Porto Simões.
65. *Desafios contemporâneos em comunicação — perspectivas de relações públicas* — Ricardo Ferreira Freitas, Luciane Lucas (organizadores).
66. *Vivendo com a telenovela — mediações, recepção, teleficcionalidade* — Maria Immacolata Vassallo de Lopes, Silvia Helena Simões Borelli e Vera da Rocha Resende.
67. *Biografias e biógrafos — jornalismo sobre personagens* — Sergio Vilas Boas.
68. *Relações públicas na internet — Técnicas e estratégias para informar e influenciar públicos de interesse* — J. B. Pinho.
69. *Perfis — e como escrevê-los* — Sergio Vilas Boas.
70. *O jornalismo na era da publicidade* — Leandro Marshall.
71. *Jornalismo na internet* – J. B. Pinho.

LEIA TAMBÉM

PUBLICIDADE E VENDAS NA INTERNET
Técnicas e estratégias
J. B. Pinho

A Internet transformou-se num fenômeno marcado pela maciça presença de organizações, instituições e empresas comerciais, industriais e de serviços. Este livro discute de maneira prática os procedimentos para promover a presença — em suas diversas formas — e as vendas de pequenas, médias e grandes empresas na rede. REF. 10746.

O PODER DAS MARCAS
J. B. Pinho

O acelerado desenvolvimento tecnológico dos produtos industriais permite que muitos fabricantes apresentem ao mercado artigos com as mesmas especificações. Nesse contexto, a imagem da marca assume uma importância vital. O autor se propõe a aprofundar o conhecimento do processo de gestão de marcas, bem como determinar com maior precisão o papel que a publicidade cumpre na construção da imagem da marca. REF. 10549.

PROPAGANDA INSTITUCIONAL
Usos e funções da propaganda em relações públicas
J. B. Pinho

Como a propaganda pode ser utilizada para constituir uma imagem institucional? Em que ela difere da publicidade e como pode ser utilizada como instrumento eficaz de Relações Públicas? Obra indispensável para profissionais de publicidade e estudantes de comunicação. REF. 10051.

RELAÇÕES PÚBLICAS
Processo, funções, tecnologia e estratégias
Nova edição revista e atualizada
Waldyr Gutierrrez Fortes

Este livro é composto de material didático elaborado com a finalidade de sistematizar o estudo básico de Relações Públicas. Seu objetivo primordial é apresentar conteúdos de forma integrada, desenvolvendo um amplo painel de possibilidades e explorando em profundidade uma série de conhecimentos fundamentais. A obra se destina a estudantes das diversas áreas que envolvam o ensino de Relações Públicas, bem como profissionais interessados em se atualizar. REF. 10775.

IMPRESSO NA GRÁFICA sumago
sumago gráfica editorial ltda
rua itauna, 789 vila maria
02111-031 são paulo sp
telefax 11 **2955 5636**
sumago@terra.com.br

-------------------------------- dobre aqui --------------------------------

Carta-resposta
9912200760/DR/SPM
Summus Editorial Ltda.
CORREIOS

CARTA-RESPOSTA
NÃO É NECESSÁRIO SELAR

O SELO SERÁ PAGO POR

AC AVENIDA DUQUE DE CAXIAS
01214-999 São Paulo/SP

-------------------------------- dobre aqui --------------------------------

RELAÇÕES PÚBLICAS NA INTERNET

summus editorial
CADASTRO PARA MALA DIRETA

Recorte ou reproduza esta ficha de cadastro, envie completamente preenchida por correio ou fax, e receba informações atualizadas sobre nossos livros.

Nome: _____ Empresa: _____
Endereço: ☐ Res. ☐ Coml. _____ Bairro: _____
CEP: _____ - _____ Cidade: _____ Estado: _____ Tel.: ( ) _____
Fax: ( ) _____ E-mail: _____
Profissão: _____ Professor? ☐ Sim ☐ Não Disciplina: _____ Data de nascimento: _____

1. Você compra livros:
☐ Livrarias ☐ Feiras
☐ Telefone   ☐ Correios
☐ Internet   ☐ Outros. Especificar: _____

2. Onde você comprou este livro? _____

4. Áreas de interesse:
☐ Educação   ☐ Administração, RH
☐ Psicologia   ☐ Comunicação
☐ Corpo, Movimento, Saúde   ☐ Literatura, Poesia, Ensaios
☐ Comportamento   ☐ Viagens, *Hobby*, Lazer
☐ PNL (Programação Neurolingüística)

3. Você busca informações para adquirir livros:
☐ Jornais   ☐ Amigos
☐ Revistas   ☐ Internet
☐ Professores ☐ Outros. Especificar: _____

5. Nestas áreas, alguma sugestão para novos títulos? _____

6. Gostaria de receber o catálogo da editora? ☐ Sim ☐ Não
7. Gostaria de receber o Informativo Summus? ☐ Sim ☐ Não

Indique um amigo que gostaria de receber a nossa mala direta

Nome: _____ Empresa: _____
Endereço: ☐ Res. ☐ Coml. _____ Bairro: _____
CEP: _____ - _____ Cidade: _____ Estado: _____ Tel.: ( ) _____
Fax: ( ) _____ E-mail: _____
Profissão: _____ Professor? ☐ Sim ☐ Não Disciplina: _____ Data de nascimento: _____

summus editorial
Rua Itapicuru, 613 – 7º andar   05006-000   São Paulo - SP   Brasil   Tel.: (11) 3872 3322   Fax: (11) 3872 7476
Internet: http://www.summus.com.br   e-mail: summus@summus.com.br